A crise dos 25

Polinice,

Já que vamos pular essa "idade", que tal se preparar para a próxima?

Um grande abraço da tia

Nena

16.02.05

Alexandra Robbins e Abby Wilner

A crise dos 25

Como lidar com os desafios da transição para a vida adulta

SEXTANTE

tradução
Ebréia de Castro Alves

preparo de originais
Fabrício Marques

revisão
José Tedin Pinto e Sérgio Bellinello Soares

projeto gráfico e diagramação
Marcia Raed

capa
Marcelo Martinez

ilustração da capa
Orlando

fotolitos
R R Donnelley América Latina

impressão e acabamento
Geográfica e Editora Ltda.

CIP-BRASIL. CATALOGAÇÃO-NA-FONTE
SINDICATO NACIONAL DOS EDITORES DE LIVROS

R545c
Robbins, Alexandra, 1976-
A crise dos 25
/ Alexandra Robbins e Abby Wilner ; tradução de Ebréia de Castro Alves. – Rio de Janeiro: Sextante, 2004.

Tradução de: Quarterlife crisis
ISBN 85-7542-131-X

1. Maturidade – Aspectos psicológicos. 2. Jovens – Conduta. 3. Jovens – Psicologia. I. Wilner, Abby, 1976-. II. Título.

04-1621. CDD 158.0842
CDU 159.94-053.81

Editora Sextante / GMT Editores Ltda.
Rua Voluntários da Pátria, 45 – Gr. 1.404 – Botafogo
22270-000 – Rio de Janeiro – RJ
Tel.: (21) 2286-9944 – Fax: (21) 2286-9244
Atendimento: 0800-22-6306
E-mail: atendimento@esextante.com.br
www.sextante.com.br

Agradecimentos

Muitas pessoas contribuíram para que fosse um prazer escrever este livro. Agradeço, em primeiríssimo lugar, a meus pais, pela paciência e pelo apoio, a meus filhos, por me fazerem companhia e me distraírem durante longas jornadas noturnas no computador, e a meus avós, pelo inesgotável entusiasmo.

Sou também eternamente grata a David Dashefsky, a Amy Lindenbaum (a melhor das amigas), a Joe Klein, por seu incentivo, a Andrea Kirk, pela ajuda com as fontes de informação, a Nick Bernstein, por me fazer rir, e a Abby Wilner, por me inspirar.

Este livro não existiria sem a ajuda de algumas pessoas: Dick Victory, que me desafiou a escrevê-lo; Jane Mayer, que, generosamente, não mediu esforços para iniciar o projeto; e, claro, Paula Balzer, que, pacientemente e sempre com um sorriso, fez com que ele fosse concluído.

Finalmente, meus agradecimentos a todas as pessoas entre 20 e 29 anos que concordaram em ser entrevistadas para este livro. Foram sinceras, francas, solícitas e se expressaram com clareza. Vocês são os porta-vozes de nossa geração.

A.R.

Agradecimentos especiais a

"E&E", por me trazerem a este mundo. Vocês me educaram fazendo-me acreditar que eu poderia realizar qualquer coisa, até mesmo publicar um livro.

Amy Dowis, pela idéia original de escrever um livro para as pessoas em crise na faixa dos 20 aos 29 anos.

Ellona, Tammy e aos amigos, que me fazem rir, a meus vizinhos, que me fazem companhia – obrigada a todos vocês que transformaram minha crise dos 25 anos em um período fantástico.

Obrigada também aos Drs. Robert DuPont e Tony Pitch, que contribuíram com informações técnicas, acreditaram neste livro e me incentivaram a escrevê-lo.

Alex Robbins, por se dedicar a esse projeto e tornar meu sonho realidade.

Paula Balzer, da empresa Sarah Lazin Books, e Jeremy P. Tarcher, que se arriscaram por nós.

Finalmente, às pessoas que compartilharam suas experiências e deram depoimentos para este livro. Graças a vocês, muitas pessoas vão perceber como é freqüente a crise da chegada à maturidade. Essa longa transição – da qual nascem os adultos – foi, até agora, ignorada.

A.W.

Para Ira, Jo,
Andrew, Missy,
Rachel, Irving,
Seena e Marty,
com afeto.

Sumário

Cair na real?

"Estou ficando velha", disse minha cliente, horrorizada com seu aniversário, "afinal, é um quarto de século! Preciso cair na real!" Seu analista, que já passava dos 50, teve, primeiro, a vontade de rir, em seguida, uma certa perplexidade, e, afinal, movido pelo treino na idéia de que o cliente sempre tem razão (ou pelo menos "uma" razão), surgiu nele a vontade de refletir sobre as razões daquela aflição.

A crise dos 30 é muito mais famosa, justamente por essa sensação de que a vida se esvai, que é como uma visita a Paris: ela já estava lá muito antes de chegarmos, não deu a menor pelota para a nossa presença, e lá continuou, indiferente à nossa partida.

Mas quais seriam as razões de uma "crise dos 25"? Foi quando a expressão usada pela cliente ("cair na real") me chamou a atenção. Há diversos momentos em que "caímos na real". O primeiro é quando o berço uterino em que vivíamos na absoluta paz da inconsciência se transforma num músculo hostil que se contorce até nos pôr de lá para fora, para um mundo gélido, barulhento e inundado por um excesso de luz, como costumam ser as salas de parto. Como agravante, não é incomum que levemos ali nossa primeira porrada: um tapa no traseiro, dado pelo obstetra, "para fazer o bebê chorar e abrir os pulmões". Agora minha própria cliente se encontrava à beira das lágrimas quando sentiu a porrada da tal "real".

Outras horas do mesmo horror me surgiram na memória: minha entrada no primeiro colégio, quando passei uns bons dias chorando o tempo todo. As passagens para a adolescência, quando as cobranças de se mostrar "homem" vinham sem parar, dos colegas e de nosso próprio corpo em transformação. Quando chegava o Segundo Grau, nova "real" horrível se apresentava: o dilema de começar a pensar no vestibular.

O vestibular então... Este era dividido entre dois horrores: a prova em si, com sua perspectiva de derrota, e a escolha da profissão. A profissão era o prenúncio de um "cair na real" apavorante: achar um meio de sustento que provesse a nós mesmos, à nossa futura mulher e filhos, e que ao mesmo tempo não fosse aquela tortura tediosa que parecia ser para os nossos pais. Enquanto durasse a faculdade, aquele clima de escola, já tornado familiar, ainda nos protegia como o antigo útero. Mas ele iria nos expelir para outra "real" onde cairíamos cheios de medo: e agora? O mercado de trabalho nos aguarda!

Isso para falar dos homens. As pobres mulheres não passavam por coisa melhor. Tudo em suas vidas era uma preparação para *seu mercado de trabalho:* achar um bom partido, que as sustentasse e lhes desse filhos, sentido de suas vidas.

Parece até que estou me referindo aos meados do século passado, pois que o feminismo teria mudado isso tudo para melhor. Mas assistindo ao seriado americano *Sex and the City* (e ouvindo minhas clientes) me dei conta de que a natureza humana não muda assim tão fácil. Aquelas moças tinham vidas próprias, carreiras fascinantes, liberdade sexual, mas... sobretudo para elas havia o relógio biológico da fertilidade lembrando-as o tempo todo: "Vocês não são homens, daqui a pouco ninguém olha mais para vocês com desejo, sobretudo com o desejo de constituir família." Haviam empurrado o "cair na real" para mais tarde, mas o demônio continuava lá, cada vez mais presente. Enfim, um horror simétrico ao vivido pelos homens.

Minha cliente tinha uma sólida razão: "Cair na real" era mesmo causa de deixar qualquer um aflito. Agravava isso ser da classe média-média para cima. Os filhos do padeiro tiveram uma criação especializada. Desde pequenos estavam no ofício dos pais, e aos 18 anos já eram senhores absolutos de suas vidas. A "real" não parecia tão dura para eles. Mas nós outros fomos criados para o universalismo, para horizontes amplos, de muitas escolhas, fomos mandados para universidades, mas com uma mensagem enganosa: "Vejam o mundo e sua variedade, para selecionarem o que realmente tem a ver com seus espíritos." No entanto havia uma cláusula restritiva oculta: "Se o que tiver a ver com seus espíritos não for algo que dê dinheiro, podem esquecer. Tratem de escolher uma profissão especialista como a do padeiro e viver frustrados para o resto da vida, afogando suas mágoas em vícios variados, esperando férias, fins de semana, viagens e a aposentadoria para viver gostoso nas ilhas da fantasia que a vida proporciona." Muitos adolescentes, pressentindo o porvir, já embarcam no vício e nas ilhas da fantasia logo de cara.

Por isso tudo, cismei com essa história de "cair na real". Ora, só se "cai" na real se ela for um buraco, um horror. Será que ela precisa ser assim? Comecei a me lembrar de transformações que os novos tempos trouxeram: os partos feitos em silêncio e em penumbra, sem palmadas, com temperatura parecida com a do corpo, o bebê sorrindo no colo da mãe, agarrado já a seu peito. O Maternal que as escolas instituíram, um lugar novo para brincadeiras onde o aprendizado se dava de forma gradual, com os pais os acompanhando nos períodos de adaptação.

Ora, então a "real" não era um buraco negro onde se caísse, mas um lugar amistoso onde se entrava e se aprendia a transitar. "Gradualmente" era uma palavra-chave. "Facilitação" era outra. Deixar que as crianças brinquem, não enchê-las de tarefas, não entupir suas agendas, para que descubram uma real que se pareça com uma brincadeira pela vida afora. Ensinar que os tão famosos "limites" são o território daquilo que elas podem, do que têm direito, e que esse território se amplie cada vez mais, sem ser pela via transgressora das crianças que convivem com catadupas de "nãos" fúteis e desnecessários, em nome dos tais limites.

Ajudá-las a desenvolver critérios próprios, em vez de impor os deles como verdades absolutas. Bom, isso significa que a formação universalista não renderá dinheiro e sustento tão rápidos como no caso dos filhos do padeiro, portanto, ter 25 anos e estar ainda na casa dos pais não é nenhum absurdo. Cabe então aos pais e educadores reverem seus conceitos do que é "real", não deixar que o senso comum o dite, que a história do primo, ou do filho do vizinho, é outra, que a do seu filho é única dele, entender mesmo que seu desejo universalista, aquilo que quiseram para seus filhos, compreende uma variedade enorme de "reais", e que as realidades em que seus filhos vivem podem ser bem diferentes das deles.

Treinar com eles essa discussão sobre a "realidade". Os pais foram os primeiros a querer uma realidade diferente para seus filhos. É bem verdade que o principal pecado da classe média para cima em relação às crianças tem sido antecipar seus desejos, dar presentes, brinquedos, pianos, computadores, jogos eletrônicos, etc. antes mesmo que os filhos tenham expressado suas vontades, formando uma geração sem garra, sem ambições. Quando os pais, eles mesmos, tiveram que suar pelas coisas que desejavam, e foi isso que lhes deu o prazer da conquista, o que cultivou suas vontades, suas ambições e garra, produziu-lhes uma vontade esquisita. "Meu filho não terá que passar pelo que eu passei" é um pensamento que não leva em conta o que meu avô costumava dizer: "A posse é o túmulo do desejo."

O que seu pai passou, supostamente uma privação dolorosa, nada mais foi que um motor instigante para que ele ambicionasse e tivesse iniciativas. O principal legado que podemos deixar a nossos filhos é que tenham a capacidade de ter iniciativa, ambição e garra. Que sintam seus desejos e os persigam. Isso pode ser um pouco duro? Talvez. Mas me lembro de Zorba, o grego, dizendo a seu patrão inglês, um pouco amolecido demais pelo excesso de conforto: *"Boss, life is trouble, only death is not!"* ("Patrão, a vida é encrenca, só a morte é que não é".) Mas encrenca não significa crise, significa desafio. No entanto, a vida é complexa, e não há nada mais complexo na face da Terra que o cérebro humano.

Será nossa missão como educadores, e a missão do jovem de 25 anos, que já é educador de si mesmo, temperar a facilitação com o desafio, o gradual com a exigência, o colo com a demanda, todos eles necessários. Penso que esta será a principal reflexão trazida por este livro. Entrar numa "real" agradável, e entrar suavemente, pode ser o meio de terminar com essas tais "crises".

Francisco Daudt
autor de *O amor companheiro*
e *O aprendiz do desejo*

introdução
O que é a crise dos 25?

Meu vizinho Jim fez 50 anos. O bairro inteiro soube de seu aniversário porque seus amigos fizeram uma barulhenta festa-surpresa. Outras mudanças chamam a atenção para a nova fase de Jim: ele pediu o divórcio e arranjou uma parceira com a metade do peso e da idade de sua ex-mulher. Também pintou o cabelo, passou a andar com jaquetas de couro e trocou seu sedan quatro portas por um jipe esportivo. Apesar do falatório das vizinhas, indignadas com a troca de esposas, pouca gente se surpreendeu com a transformação de Jim. "É a crise da meia-idade. Todo mundo passa por isso", comentavam os amigos, condescendentes. O comportamento confuso e rebelde seria o efeito inevitável de uma fase em que as pessoas param para fazer um balanço da vida, sentem-se insatisfeitas e frustradas, resolvem acertar as contas com o passado.

Os jovens leitores deste livro não parecem ter muito em comum com meu vizinho cinqüentão. Mas os problemas de Jim, de certo modo, lhes dizem respeito. Jim mergulhou numa turbulência que é vista como parte natural da vida e encontra apoio e informação em livros de auto-ajuda ou em sites da Internet. Já a tribo dos vinte e poucos anos sofre em silêncio, ao enfrentar uma crise emocional de proporções arrasadoras, mas que não é reconhecida por pais e amigos. Essa crise marca a transição dos alegres anos na universidade para os compromissos da vida adulta, um momento repleto de possibilidades em que se tem a oportunidade de questionar e moldar o futuro. As incertezas podem eclodir já no final da adolescência ou despontar apenas depois dos 30, mas aparecem com mais freqüência na vizinhança dos 25 anos de idade. É a crise dos jovens adultos, um fenômeno real, mas até agora menosprezado.

A crise dos 25 e a crise da meia-idade têm pontos em comum, embora produzam tumultos emocionais diferentes. As pessoas de meia-idade constatam que o tempo passou e observam que muitos sonhos acalentados na juventude se perderam no caminho. A angústia da estagnação e do tempo perdido leva a uma ruptura. Revoltados com a vida exageradamente previsível, os cinqüentões resolvem tomar atitudes imprevisíveis e temerárias. Os jovens adultos, ao contrário, sofrem porque não há nada de previsível em suas vidas. Depois de duas décadas vivendo num ambiente protegido – ou até mais tempo, se o estudante terminou a faculdade e imediatamente deu início a um curso de pós-graduação –, muitos tomam um choque ao enfrentar as mazelas do mundo dos adultos e mergulham num período de grande incerteza. Na universidade, os objetivos eram explícitos e os meios de alcançá-los, bastante palpáveis. Superado o desafio do vestibular, tudo o que havia a fazer era estudar, tirar boas notas e, se possível, arranjar um bom estágio na reta final do curso. O problema é que, depois da formatura, essa estrada de mão única explode num labirinto de possibilidades. É hora de tomar decisões sobre carreira, dinheiro, vida afetiva e comportamento social. É hora de assumir novas responsabilidades. Certamente também é uma fase excitante, em que liberdades são conquistadas e uma avalanche de coisas interessantes acontece ao mesmo tempo, projetando conseqüências a longo prazo.

É por isso que os mais velhos consolam os jovens com o bordão: "Você tem a vida inteira pela frente..."

Para muitos jovens adultos, a montanha-russa emocional desponta com uma força bem mais intensa do que supunham. A maioria é apanhada de surpresa e poucos estão preparados para enfrentar a crise. Esperança e medo convivem como irmãos gêmeos na crise dos 25 anos. A revelação de que a vida não é tão fácil como se imaginava na adolescência é um dos aspectos mais angustiantes, especialmente para pessoas sem uma rede de proteção da família e dos amigos, ou exigentes demais com o próprio desempenho. As mudanças amedrontam e desorientam, deixam os jovens vulneráveis e desamparados. O golpe é especialmente doloroso quando a vítima tem a impressão equivocada de que o problema é só seu, que os amigos e colegas da mesma idade enfrentam dificuldades mais amenas. É fácil chegar a essa falsa conclusão. Afinal, as pessoas menosprezam as incertezas desse período como "doces problemas" da juventude.

Por que se preocupar

Os jovens não passaram a adolescência em estado de hibernação (embora talvez alguns tenham tentado...), mas viveram essa fase numa redoma confortável. Com a obrigação de estudar, foram poupados pela família e pela escola de dificuldades e imprevistos. Quando chega a hora de assumir responsabilidades de adulto, eles são tomados por sentimentos conflitantes. De um lado, a oportunidade de realizar os sonhos produz um agradável frio na barriga. De outro, logo percebem que é duro e estressante administrar tantas dúvidas ao mesmo tempo, resolver uma equação com tantas variáveis. Algumas pessoas poderão dizer que essa crise não é bem uma "crise", apenas uma transição que se interpõe entre duas etapas e ajuda a amadurecer. Afinal, desde tempos imemoriais, diversas culturas celebram o ingresso na vida adulta com rituais de passagem (alguns usam símbolos estranhos como lanças e estrume de búfalo).

É possível que nem sempre essa transição tenha sido uma crise.

Mas o fato é que se transformou em uma.

As razões são muitas. Até a primeira metade do século XX, a vida no planeta era muito mais simples e limitada. Quando a adolescência se encerrava (e ela terminava mais cedo do que hoje), o jovem casava-se geralmente com a namorada da escola, sem questionamentos sobre o despreparo financeiro e emocional para constituir uma família. Ter filhos – vários deles – era a conseqüência natural do casamento. Enquanto as mulheres tomavam conta das crianças, os homens trabalhavam. Preocupavam-se em ganhar dinheiro para garantir o sustento de todos – não propriamente em vencer desafios e alcançar o "sucesso profissional". Sucesso, por sinal, era ter um emprego para a vida inteira, mesmo que o salário fosse pequeno. Poucos, sobretudo os homens, tinham tempo para refletir sobre a crise da meia-idade. Mesmo porque se envelhecia e se morria mais cedo do que hoje. Os antibióticos são uma conquista de pouco mais de 60 anos. A preocupação com o colesterol elevado é ainda mais recente.

Os jovens adultos do século XXI cresceram num ambiente infinitamente mais complexo e tornaram-se bem mais exigentes. Ninguém se ilude com a idéia de que casamento é para a vida inteira. Não por acaso, a união formal cede cada vez mais espaço para a informalidade do "viver juntos". Como os papéis de homens e mulheres se transformam, escolher o parceiro certo e construir um relacionamento implica negociações, que não existiam antigamente, acerca das liberdades de cada um e da divisão de responsabilidades. As relações são felizes e igualitárias, mas, se alguma coisa vai mal, terminam com mais facilidade.

Quando a faculdade termina, a prioridade é a carreira. Ter filhos, só mais tarde, depois da conquista de uma certa independência financeira. O sucesso na profissão assumiu uma importância gigantesca para homens e mulheres, incluindo-se aí a face pragmática do sucesso, que é ganhar bem. Isso não é fácil. Milhões de recém-formados ingressam no mercado de trabalho todos os anos com o mesmo objetivo. Descobrem que é preciso trabalhar cegamente para se destacar – afinal, a cada semestre, outra geração de recém-formados chegará para destronar os fracos e acomodados. As pressões e o medo do fracasso são ameaças perturbadoras. Nem todo jovem adulto mergulha em depressão profunda, mas episódios depressivos são um sintoma comum da crise dos 25.

Depois de entrevistar dezenas de jovens adultos, que relataram momentos de depressão nessa fase, apresentamos nossas conclusões a Robert DuPont, autor do livro *The Anxiety Cure* (A cura da ansiedade) e professor de psicologia da Escola de Medicina de Georgetown. DuPont nos disse: "Com base em minha experiência, posso afirmar que existe uma incidência elevada de distúrbios psíquicos nessa faixa etária, que inclui dependência química, ansiedade, depressão, entre outros problemas. A causa é o alto nível de estresse desencadeado na transição para a vida adulta." De acordo com Dr. DuPont, a quantidade enorme de desafios que surgem ao mesmo tempo provoca o desgaste emocional. Os jovens buscam algum modelo ou receita a seguir e não encontram nada. Tudo parece incerto e imponderável.

A amplitude desse turbilhão psíquico, como já se disse, é menosprezada. Nem sequer é alvo de curiosidade acadêmica. Não vamos aborrecer ninguém com dados sobre os efeitos da crise. Eles simplesmente não existem, nem mesmo nos Estados Unidos, país conhecido pelo rigor em produzir estatísticas. Fizemos um levantamento com instituições americanas, como os institutos nacionais de saúde mental e as associações psiquiátricas. Nenhuma delas dispunha de informações específicas sobre jovens na faixa dos 20 aos 29 anos. Nas palavras de um jovem psicólogo com quem conversamos, as associações não se interessam em estudar esse grupo e "preferem reunir todo mundo nas estatísticas". É possível especular algumas razões possíveis a essa falta de curiosidade. Talvez exista uma barreira entre os jovens adultos e os psicólogos ou psiquiatras. Acontece que a terapia custa caro e ainda é vista com preconceito por muita gente, os jovens em particular. Ou talvez os jovens adultos não sejam vistos pela sociedade e pela mídia como membros de uma geração específica, com problemas em comum. Na falta de estatísticas, não se pode avaliar quantos jovens adultos padecem de distúrbios psíquicos e qual é a chance de que isso evolua para doenças mais sérias. O que podemos oferecer neste livro são conclusões baseadas em depoimentos – às vezes dramáticos e perturbadores – de mais de uma centena de jovens.

Como reconhecer os sintomas da crise

A crise de identidade freqüentemente se associa a sentimentos de perda e desamparo. Quando passa a euforia da formatura, os jovens adultos sentem falta de coisas importantes na vida. Os colegas que estavam sempre por perto se dispersam, e as tarefas que consumiam todo o tempo, como estudar para as provas e apresentar trabalhos, simplesmente não existem mais. De repente, o mundo vira uma terra estrangeira, com regras desconhecidas. Os recém-formados também percebem que a formação acadêmica que receberam, por melhor que seja, não lhes preparou para muitas decisões que terão de tomar. Alguns enfrentam os desafios de modo caótico. Imaginam que a única forma de selecionar as escolhas é a tentativa e o erro. A crise pode despontar como o resultado de adiamentos e contestações.

Alguns jovens adultos reagem à nova realidade adiando projetos, como se a saída fosse esperar por uma solução mágica prostrado na frente da televisão. Os mais ambiciosos começam a procurar emprego ainda na faculdade, mas muitos esperam de braços cruzados. Mesmo os que tentam trabalhar percebem que a transição não será harmoniosa. Não existe mais relação direta entre o que se estuda e um emprego específico. Engenheiros trabalham no mercado financeiro, sociólogos em agências de publicidade e institutos de pesquisa e graduados de todo tipo em sites da Internet. Novas profissões surgem e se abastecem de profissionais que combinaram um diploma superior clássico com um curso de pós-graduação recém-criado.

Tomar decisões num mercado de trabalho em constante mutação requer maturidade e alguma atração pelo risco, requisitos que faltam a muitos jovens adultos. Tudo fica ainda mais confuso quando os jovens começam a trabalhar e o emprego não corresponde exatamente ao que eles sonhavam. É bastante comum que a nova rotina seja pouco excitante ou não ofereça a perspectiva que eles supunham. "Então a vida é só isso?", é o que muitos se perguntam. Sentem-se enganados e decepcionados. Se existe uma coisa que incomoda os jovens adultos é saber que escolhas certas ou erradas que fizerem terão influência em sua trajetória aos 30, 40, 50 anos de idade, num efeito dominó difícil de controlar. Muitos ficam perturbados e tentam garantir que a vida ganhe um significado maior. Isso pode gerar atitudes radicais, como a do médico recém-formado que troca a carreira na cidade grande para fazer trabalhos voluntários em comunidades carentes ou da advogada que rompe o noivado de muitos anos e ingressa numa ONG de contadores de histórias.

Fala-se que os jovens adultos reclamam de barriga cheia, pois podem escolher um rumo sem o peso das responsabilidades da vida adulta (como criar filhos, pagar contas, etc.). Pois essa responsabilidade reduzida, que desperta inveja e nostalgia nos mais velhos, complica a tomada de decisões. Tudo fica mais fácil se o indivíduo, por exemplo, já tiver um filho. Ele levará em conta escolhas menos arriscadas (dificilmente passará um ano viajando pelo mundo depois da formatura). Quanto menos responsabilidades tiver, mais opções poderá considerar. O processo de escolha torna-se mais angustiante e exige muita clareza e determinação, algo de que os recém-formados não dispõem. Também lhes falta experiência em fazer as coisas sem a ajuda dos outros.

Tudo fica pior quando o indivíduo pára de acreditar em sua capacidade de escolher o melhor caminho. E isso é muito comum. Costuma acontecer quando o jovem não consegue emprego, ou mora com os pais, ou vive isolado, e também quando tem um emprego seguro, um lindo apartamento ou dezenas de amigos. Independentemente dos níveis de auto-estima, confiança e bem-estar, os jovens são presas fáceis das situações de dúvida. Eles duvidam de suas decisões, sua capacidade, seu desembaraço... duvidam de si o tempo todo. É um período de questionamento e introspecção. Há dúvidas triviais: "Será que fiz bem em pagar uma mensalidade de R$ 150,00 naquela academia de ginástica?" E questionamentos colossais: "Qual será o momento certo para me casar?" Ninguém suporta enfrentar dúvidas novas a cada instante. As perguntas se acumulam e paralisam. Quando os jovens percebem que estão sempre se questionando, deduzem que alguma coisa está errada com eles. O desconforto aumenta.

Como enfrentar a crise dos 25

Quase todos os distúrbios e confusões mentais já ganharam um nome, da depressão pós-parto ao transtorno obsessivo compulsivo, passando pela hiperatividade e a síndrome do pânico. Mas não existe um nome para a difícil transição que perturba os recém-formados. A psiquiatria, a mídia e a sociedade, como já se disse, menosprezam o fenômeno. Foi para combater esse preconceito que escrevemos este livro. Ele não terá o dom de resolver a crise dos jovens adultos, da mesma forma que as centenas de livros sobre a crise da meia-idade não fizeram ninguém voltar no tempo (a não ser em devaneios). Nosso objetivo é dar o primeiro passo: para enfrentar a confusão emocional dos vinte e poucos anos é preciso reconhecer que a crise existe e é um problema coletivo.

Compilamos algumas dúvidas profundas que atormentam os jovens adultos, aqueles questionamentos que poderiam surgir durante uma daquelas conversas de bar às três da manhã, tão comuns na faculdade e tão raras depois da formatura. Neste livro, eles expressam suas incertezas, suas indecisões e seus fracassos, mas também suas descobertas e a forma de alcançá-las. Nossos entrevistados saíram da universidade recentemente, têm origens e formação diferentes. Além das centenas de depoimentos colhidos nos Estados Unidos, acrescentamos à edição em português testemunhos de jovens brasileiros. Essa geração, que viveu a adolescência nos anos 90, é difícil de agrupar e definir. Não há, por exemplo, um momento histórico que molde experiências coletivas, como aconteceu com os jovens dos anos 60, que viveram a revolução sexual, ou os dos 80, que presenciaram a redemocratização do Brasil. O máximo que eles têm em comum é a frustração pela morte de um Kurt Cobain ou, no Brasil, a euforia pelo impeachment de Fernando Collor.

A esta altura, você já notou que nos referimos às vítimas dessa crise como "jovens adultos". Não faria sentido chamá-los de "vintões" (não quer dizer nada) nem de "garotões" (termo apropriado para quem está "curtindo a vida adoidado", não para quem vive uma crise de identidade). Uma opção seria referir-se a eles como a Geração X, nome da banda punk de Billy Idol. Em 1991, o canadense Douglas Coupland tomou o termo emprestado para descrever as pessoas na casa dos 20 anos no livro *Generation X: Tales for an Accelerated Culture* (Geração X: Histórias para uma cultura acelerada). Os publicitários apoderaram-se da expressão e grudaram o rótulo nas costas de todos os indivíduos saindo da adolescência. O problema é que Geração X não quer dizer muita coisa. Na nossa opinião, só uma coisa se aplica à maioria dos jovens adultos: eles mergulham numa crise nessa época de suas vidas. Este livro mostra suas vozes na esperança de que expressem a experiência coletiva.

Em alguns momentos, pode lembrar um daqueles documentários da TV a cabo: "Estamos observando um indivíduo com vinte e poucos anos no seu habitat natural. Veja como ele se alimenta de biscoitos de chocolate e café. Observe o quanto ele se esforça para decidir se volta à cidade onde nasceu ou põe o pé na estrada e enfrenta a vida sozinho." Pedimos paciência aos leitores. Este livro é destinado aos jovens adultos, mas não apenas a eles. É possível que você o tenha comprado porque está vivendo a crise. Ou talvez você seja um estudante interessado em entender a transição que logo chegará. Talvez ainda você seja um pai, mãe, amigo, colega ou professor de um jovem adulto, preocupado em compreendê-lo. Também é possível (embora pouco provável) que você seja aquele meu vizinho que, na crise de meia-idade, passou a usar jaquetas de couro e comprou um jipe esportivo. Neste caso, meu caro Jim, vale a pena prestar atenção especial nas próximas páginas para compreender as alterações de humor de sua jovem namorada.

Um

Como definir quem eu realmente sou?

A crise dos 25 é, antes de tudo, uma crise de identidade. Tentamos definir quem somos e o que queremos desde a infância, quando a consciência começa a despertar. Mas o processo volta à estaca zero aos vinte e poucos anos, quando os recém-formados são expulsos do ambiente escolar e tragados pelo "mundo real". A maioria das pessoas enfrenta a transição utilizando uma combinação de bom senso, determinação e, quase sempre, sorte. Jeff, um rapaz de 24 anos que mora em Wilmington, cidade de 73 mil habitantes que fica na metade do caminho entre Nova York e Washington, diz que os questionamentos podem trazer revelações surpreendentes. "Todo dia surge uma situação diferente que pode ensinar alguma coisa nova", afirma. "Há dez anos, eu sonhava ter um cachorro e cheguei a idealizar suas qualidades. Ele deveria ser grande, musculoso (eu sou um 'cara' forte) e 'durão'. E ter todas as coisas que se espera do cachorro 'de um homem'. Aí, minha namorada e eu fomos a um canil escolher um filhote. Olhamos vários, mas os que se encaixavam no 'perfil ideal' já estavam prometidos para outras pessoas. Nos disseram que, no final da semana, chegariam mestiços de husky siberiano com pastor alemão. São cachorros grandes, e eu achei ótimo."

Jeff prossegue: "Bem, quando estávamos de saída, olhei por acaso para o lado: um simpático cachorro se levantou e me fitou de um jeito engraçado. Fui vê-lo de perto. Ele era meio tímido e tranqüilo. Me cativou na hora. Não é preciso dizer que hoje estamos muito felizes com nosso beagle. Nunca pensei que criaria um cachorro pequeno e brincalhão, mas sou muito feliz com a companhia dele. Moral da história", diz Jeff, "é que nem sempre as coisas saem como planejadas – e isso não necessariamente é ruim. A cada situação nova, somos desafiados a mudar. Mesmo que você pense em ser engenheiro, pode mudar de idéia no meio do caminho e virar um executivo de uma grande empresa. As descobertas são enriquecedoras. No dia em que tudo estiver resolvido e você já souber tudo sobre si mesmo, seu corpo e sua cabeça talvez resolvam desistir. Sua vida está chegando ao fim ."

"O que você faz da vida?"

Muitos imaginam que a crise de identidade estará resolvida quando um projeto de carreira engrenar. De algum modo, isso responde a uma cobrança da sociedade. Vários dos nossos entrevistados queixaram-se do real significado da pergunta "o que você faz da vida?", formulada por um estranho depois de dois minutos de conversa. "Faz" significa ter um emprego ou pelo menos um meio de ganhar dinheiro. Ninguém está interessado em saber se você gosta de danças de salão, faz um trabalho voluntário, dá uma força na empresa da família ou está fazendo pós-graduação. Quando os jovens adultos contam o que "fazem", sentem-se secretamente julgados pelo interlocutor. Como muitos recém-formados estão insatisfeitos com seus primeiros empregos, a idéia de que o trabalho define a identidade causa desconforto. Na opinião de Gabriella, formada em Artes, a tendência de transformar o emprego num espelho da personalidade também reflete um hábito dos tempos da universidade, quando os jovens desenvolvem uma identidade coletiva calcada na atividade acadêmica. "Quando me formei e deixei de ser vista como uma estudante de Artes ou uma aluna de minha faculdade, fiquei espantada em descobrir que eu não me conhecia bem. Sem a proteção da estrutura escolar, percebi que tudo era muito fluido ou mutável na minha vida. Será que eu estava mudando? Ou será que os outros é que estavam?", lembra Gabriella.

Quem confunde a identidade com o cargo que ocupa pode cair numa armadilha. O risco é perder o emprego e mergulhar em depressão, em busca do "eu" perdido. O sucesso profissional é importantíssimo e faz bem para o ego. Mas não se pode perder de vista que a carreira é, antes de tudo, um meio de ganhar a vida. E não substitui outros interesses, como namorar, ter filhos, sair com os amigos, praticar algum hobby. "Muita gente sai da faculdade e dá uma importância exagerada ao emprego. Não posso afirmar que meu emprego atual – design de jóias e vendas – descreve o que eu sou. Gosto do que faço, mas não é o emprego da minha vida. Sentimos uma pressão estranha após a formatura: apresse-se, cresça e faça parte do mundo dos adultos. Na minha opinião, isso tem outro significado: dedique o resto da vida ao trabalho e ao próximo contracheque. Isso não tem nada a ver comigo", diz Gabriella. Ao rebelar-se contra essa cobrança, Gabriella diz que aprendeu muita coisa. "Saí da faculdade sem saber o que queria fazer. Até hoje não sei. Mas vivo uma fase de descobertas e me sinto feliz pelas minhas aventuras. Resolvi que não queria fazer parte do chamado mundo corporativo – e encontraria um jeito de viver feliz. Comecei a viajar. Conheci países e culturas que me ensinaram a avaliar minhas crenças e preconceitos, meus pontos fracos e fortes. Seria bem mais difícil definir meus valores e o que desejo do futuro se eu tivesse um trabalho com carteira assinada num escritório."

Lindsey, 26 anos, que vive em São Francisco, não consegue superar as dúvidas. "Acho que eu sei quem sou, mas não consigo traduzir isso numa carreira. Sempre quis trabalhar em contato direto com pessoas, de preferência crianças, mas nunca me imaginei num emprego específico. Eu imaginava que, um dia, de repente tudo faria sentido, que eu encontraria um trabalho que fosse a minha cara. Depois de dois anos e dois empregos, estou frustrada. Sei que é um exagero, mas sempre me pergunto como todo mundo sabe o que quer fazer e eu não."

Se servir de consolo, mesmo quem sabe o que quer não tem garantias de que suas certezas vão durar para sempre. O tempo e a experiência transformam as pessoas, tornando-as mais exigentes com algumas coisas, mais tolerantes com outras. Helen, formada pela Universidade do Texas, é uma mulher de negócios vitoriosa, que alcançou o sucesso que procurava. "Eu sempre soube que queria trabalhar com administração", diz. "Por isso, procurei uma boa faculdade, arranjei uma bolsa de estudo e me formei em duas especializações. Depois que me diplomei, fui contratada por uma empresa de marketing e comecei minha escalada. Tudo na época seguia o roteiro que eu havia planejado. Achei então que meu próximo passo seria uma promoção a gerente. E ela veio."

Com o tempo, Helen começou a sentir uma vaga frustração. De um lado, imaginava que todos os outros aspectos de sua vida entrariam nos eixos quando o sucesso profissional viesse, mas isso não ocorreu. De outro, ela se viu, de uma hora para outra, sem novos desafios. Estava insegura sobre o que gostaria de fazer. "Pela primeira vez na vida, não havia nenhum objetivo no horizonte", afirma. "Lá estava eu, com vinte e poucos anos, solteira, gerente de marketing, me perguntando qual seria meu próximo alvo. Até hoje não tenho uma resposta. Mas depois de muita angústia aprendi que é perda de tempo tentar planejar tudo o tempo todo. Enquanto me preocupava em criar novas metas e cumpri-las, minha vida estava passando. Não existe um plano ideal a seguir. A vida não é como a escola, em que basta estudar para passar na prova. No fim do dia, penso se minha vida é o que quero que seja. Não é. Mas eu sigo adiante."

Atitudes flexíveis

A frustração será maior se o jovem reagir de maneira inflexível. É preciso jogo de cintura para enfrentar um mercado de trabalho em mutação. Quem souber mudar de rumo na hora certa poderá aproveitar as melhores chances. O paulistano Marcos, de 27 anos, aprendeu a dançar conforme a música. Durante os seis anos em que freqüentou a Faculdade de Arquitetura e Urbanismo da Universidade de São Paulo, deu aulas de Física em cursos pré-vestibulares para pagar suas contas e ajudar no orçamento doméstico – ele mora com os pais e três irmãos num bairro de periferia. Nos cursinhos tornou-se um professor querido pelos alunos. Às vésperas da formatura, estava em dúvida sobre o rumo a tomar. Poderia continuar dando aulas de Física nos pré-vestibulares, onde ganha bem e é bastante respeitado. Planejava investir na carreira de arquiteto e dar prosseguimento ao estágio que está fazendo na USP, onde ganha mal e tem status de aprendiz. Mas há um terceiro interesse em sua vida: ele tomou gosto pela fotografia, quando aprendeu a registrar imagens de prédios históricos numa disciplina da faculdade. Seu trabalho de conclusão de curso, não por acaso, é sobre fotografia. Seu sonho secreto é produzir fotografias para a revista

National Geographic. O que fazer? Depois de muita angústia e questionamento, Marcos decidiu continuar investindo nos três ramos. “Resolvi que não tenho que decidir nada. Tenho que investir em tudo ao mesmo tempo, aproveitar todas as chances que surgirem e ver o que gosto mais de fazer”, afirma ele, que também se prepara para sair da casa dos pais e morar com a namorada. “É muito cansativo. Às vezes, não tenho tempo nem para fazer a barba. Me sinto no olho de um furacão. Não sei se o problema sou eu, que gosto de várias coisas ao mesmo tempo. Mas resolvi que não vou tomar nenhuma decisão agora de que possa me arrepender depois.”

Devon, de 27 anos, teve de abrir mão de um projeto de vida. Ela planejava mudar de Houston, cidade onde nasceu e se criou, mas acabou ficando na cidade. “Eu sabia que queria ser professora de Artes desde os seis anos de idade. Escrevi isso numa redação na primeira série. Mas meu plano era lecionar bem longe de Houston; mal podia esperar para sair da cidade”, diz. Devon se formou, foi procurar trabalho em outras cidades e chegou a encontrar o que imaginava ser o emprego de seus sonhos. “Era um trabalho de horário integral, dando aulas no ensino fundamental. Quando fui entrevistada, me mostrei confiante, disse as ‘coisas certas’ às 12 pessoas que me entrevistaram e não deixei transparecer que estava suando frio. O diretor me disse que eu era uma das suas principais candidatas e começamos a discutir salário. Então me envolvi num acidente de carro e tudo mudou. Na minha quarta entrevista na escola ‘de sonhos’, ele me informou que eu precisava voltar para a entrevista final na manhã seguinte. Eu lhe disse que não podia ir porque tinha sofrido um acidente de carro, precisava voar de volta para casa naquela noite e não tinha carro nem dinheiro para cancelar o vôo. Ele me disse que, se eu quisesse mesmo o emprego, iria à entrevista no dia seguinte. Eu respondi que queria, sim, o emprego e estava disposta a assinar um contrato naquele momento. Ele disse não: 'Devon, isso aqui não é faculdade. Se quiser o emprego, vai achar uma forma de estar aqui amanhã. Passe bem.' Fiquei desesperada. E demorei um pouco para perceber que eu não ia mesmo querer trabalhar para aquele homem arrogante."

Uma chance de emprego em Houston, que Devon desprezara, começou a parecer interessante. "Foi um golpe de sorte. Os diretores da escola souberam que eu tinha sofrido um acidente e me avisaram que, se eu quisesse, o prazo para fazer a entrevista de emprego seria ampliado. Falando sério, achei que era entrevista apenas de cortesia, para diverti-los, pois eu usava cabelo colorido e meias rendadas. Passei por todo o processo de entrevistas e fui convidada a fazer um teste, lecionando para uma turma. Como eu era muito jovem e não tinha experiência, continuei achando que eles nunca me contratariam. Pensei então: 'Já que eles querem um show, vão ter um bom show.' Fiquei na frente de uma classe de adolescentes não muito mais moços do que eu e na presença de dois diretores e um professor de Artes. Não fiquei nervosa, e até me diverti. Imagine a minha surpresa quando eles me ofereceram o emprego! Estou convencida de que só consegui esse trabalho porque achei que não tinha a mínima possibilidade de conquistá-lo. Eu agora ensino não só em Houston, mas também na mesma faculdade em que me formei há nove anos, que não é tão chata como eu achava."

Samantha, jovem de 25 anos que mora em Minneapolis, tentou ignorar seus instintos para seguir o caminho que julgava mais prático e prestigioso. Ela gosta tanto de crianças que sempre quis seguir o magistério. "Mas na faculdade comecei a duvidar de que essa era a melhor escolha", diz ela. "Os baixos salários e o pouco prestígio dos professores me levaram a procurar outro rumo, alguma coisa que causasse boa impressão numa reunião com amigos de adolescência. Fiz psicologia, achando que encontraria um emprego legal, que deixasse meus pais orgulhosos e compensasse a fortuna que gastaram com minha faculdade." Não foi o que aconteceu. Ela se formou, não arranjou nada de interessante e continuou em seu emprego de assistente administrativa. "Comecei a me dar conta de que meu trabalho estava me fazendo muito infeliz. Como eu sabia que é importante ser feliz no trabalho, voltei a pensar em lecionar. Eu continuava a adorar crianças, tinha a certeza de que seria uma boa professora. Resolvi voltar a estudar." Samantha mudou seus planos e aprendeu a se importar menos em agradar as outras pessoas. "Na faculdade, eu me preocupava muito em ter um emprego que impressionasse. Abandonei essas expectativas irrealistas. Percebi que é fundamental gostar de meu trabalho. Ensinar 'está de bom tamanho' para mim, e isso me faz mais feliz e confiante no futuro do que achei por muito tempo."

Em busca de uma vocação

Samantha e Devon tiveram a sorte de identificar o trabalho que as apaixonava. O caminho foi tortuoso, mas elas sabiam onde queriam chegar. Para muitos jovens adultos, a descoberta não é fácil nem instantânea. O processo pode ter idas e vindas, tentativas e erros – e demorar anos para chegar ao final feliz.

Erin, estudante de 23 anos da Universidade Estadual de Medicina Veterinária do Colorado, sugere que os jovens se lembrem do passado, do que eram e do que gostavam na infância e na adolescência, para decifrar sua verdadeira vocação. "Essa reflexão é produtiva", diz Erin, "porque as crianças e os adolescentes têm tempo, energia e confiança para saber do que gostam. O escritor Kurt Vonnegut disse certa vez que a única maneira de encontrar a felicidade é através da realização dos sonhos de infância. Não sei se ele estava mesmo falando sério, mas foi assim que escolhi minha carreira", afirma Erin. "Desde os cinco anos de idade eu queria ser veterinária, agora só faltam dois anos para eu me formar. Não posso dizer que nunca tive dúvidas, mas tentei conhecer o máximo possível sobre a profissão antes de fazer o curso e estou satisfeita com minha escolha. Não posso afirmar que daqui a 10 ou 20 anos ainda vou querer ser veterinária, mas estou convencida de que nossos interesses na infância definem muito do que somos: surgem sem os preconceitos que criamos mais tarde."

É importante observar que muitos jovens, como Erin, são sensíveis para entender que suas paixões podem mudar e que precisarão alterar o rumo da vida de acordo com as transformações. "É bom saber que minha vida pode mudar sempre que eu quiser. Isso será fundamental para manter meu entusiasmo", diz Erin.

Tracy, segundo-tenente do Exército dos Estados Unidos, desenvolveu um método particular para definir o que lhe agrada, que aplica a tudo em sua vida, inclusive à escolha da carreira. "Depois de qualquer experiência, faço um balanço para definir do que gostei e do que não gostei. Quando gosto muito de uma coisa, quando vivo um momento que me enche de energia, fico imaginando como poderei enquadrá-lo na minha rotina ou repeti-lo no futuro", ela diz. "É assim que se tem prazer na vida e que se definem as vocações."

A americana Robin tem opinião semelhante. "Não á fácil definir o que se gosta de fazer", afirma. "Continuo tentando encontrar as coisas que me dão alegria. Esse é o aspecto-chave que me distingue de outras pessoas, uma espécie de selo de individualidade. As paixões mudam de acordo com novas experiências e novos desafios."

A fé não costuma falhar

Todo mundo evoca Deus em momentos de aflição. No Brasil, uma pesquisa do Centro Brasileiro de Análise e Planejamento, o Cebrap, mostrou que um em cada três habitantes da cidade de São Paulo já mudou de religião – um sinal de que a procura por conforto espiritual nunca foi tão forte. Não surpreende que alguns jovens adultos tenham encontrado na religião um equilíbrio que os auxiliou a definir um rumo na vida.

Para Andrea, 22 anos, de Oregon, a religião faz parte de sua identidade, uma parte que ela conhece há muito tempo e não precisa preocupar-se em descobrir. "Quando eu estava no primeiro ano da faculdade, venci diversos dilemas da adolescência ao encontrar Deus, e minha vida mudou completamente. Fui criada freqüentando a igreja, mas depois daquele momento assumi minha fé com seriedade. Descobri um conceito de liberdade diferente: a liberdade de jamais me preocupar se sou realmente um indivíduo, porque Deus diz que sou; a liberdade de saber que faço parte de uma história a quem devo lealdade; a liberdade de fazer coisas difíceis e que prometem pouco sob a forma de sucesso ou reconhecimento material, porque sei que sucesso e reconhecimento material não determinam meu valor."

David, que se formou na Faculdade de York, diz que o judaísmo o ajudou a encontrar sua carreira: ele trabalha com arte-terapia. "Minha religião me ajudou a definir minha identidade e é um porto seguro que procuro sempre que minhas convicções ficam abaladas", diz. "Tenho sorte em saber quem sou e o que quero da vida. A religião me ajudou a escolher a carreira de terapeuta de arte, que me permite partilhar o dom da criatividade com pessoas que precisam de conforto. É a combinação perfeita das minhas idéias espirituais e minha convicção sobre o poder da arte."

Tentativa e erro

Revelações à parte, muitos recém-formados contam com a sorte e o acaso para encontrar o rumo de suas vidas. Sem condição de avaliar o que realmente querem, orientam suas ações pela prática aleatória da tentativa e do erro. Justine, que se formou pela Universidade de Utah, sempre quis trabalhar com crianças e famílias, mas não tinha certeza se desejava ser professora. Depois da formatura, decidiu aproveitar uma oportunidade numa área totalmente diferente. Arrumou emprego numa financeira. Não gostou e logo se arrependeu. Voltou, então, para as raízes: fez pós-graduação em Sociologia da Família e trabalha com a criação e avaliação de programas para famílias de baixa e média renda. Ela pretende continuar nesse campo? Justine ainda não sabe. "Escolhi essa área porque não tinha certeza do que queria."

Grande número de jovens adultos têm apenas uma vaga idéia do que querem fazer. Empregam, então, o método de tentativa e erro para descobrir o que se enquadra em seus gostos e prazeres. Steve, de 22 anos, recorre ao método com freqüência, porque não sabe o que fazer com vários aspectos de sua vida. "Tenho este problema: vou de projeto a projeto, de atividade a atividade", diz ele. "Não quero ser medíocre. Quero ser especial. Sei que tenho habilidades e, com o tempo, vou chegar lá. É só uma questão de encontrar uma combinação certa que me desafie nos planos físico, espiritual e mental. Quero um emprego instigante. Sempre acho que estou perdendo alguma coisa, como um velho no asilo que fica procurando os óculos que estão bem na sua testa." As idéias de Steve reúnem uma metáfora (os jovens não percebem soluções bem à sua frente) e uma esperança (com o tempo, vão encontrar o que procuram).

Isso aconteceu com a nova-iorquina Liz, 29 anos, exemplo vitorioso de alguém que encontrou a vocação contando com a sorte. Durante o último ano na faculdade, ela entrou em pânico porque não queria sair de férias sem ter um emprego e aceitou o primeiro que surgiu. Quando voltou da viagem à Europa, Liz começou a trabalhar no que ela chama de "emprego horrível". Passava os dias no escritório contando as horas para ir embora. Também ia perdendo a autoconfiança porque seu chefe claramente a considerava inexperiente. "Pensando bem, foi uma burrice aceitar um emprego só para dizer que tinha um, mas estava muito ansiosa nos últimos dois meses de faculdade", diz ela. "Você recebe uma educação espetacular e precisa provar a si mesma e a seus pais que o esforço não foi em vão. Além de se tornar uma pessoa melhor, você espera também conseguir um emprego. No escritório, a maioria das pessoas tinha mais de 35 anos e não tínhamos assunto para conversar. Eu me sentia solitária. Perdia completamente o apetite, o que acontece quando estou infeliz."

Ficou ali por oito meses e nunca deixou de procurar emprego e mandar currículos. Finalmente foi chamada para uma entrevista numa empresa de relações públicas. "Precisei baixar os meus padrões. Embora já tivesse um emprego há oito meses, a nova vaga era de estagiária, para recém-formados ", diz Liz. "No começo, eu me sentia mal porque continuava morando com meus pais, tinha de tomar duas conduções até a cidade e ganhava salário de estagiária. Era um passo atrás sob vários aspectos, mas eu estava trabalhando com 100 pessoas de menos de 30 anos. Alguns dos outros estagiários tinham acabado de sair da faculdade. Minha experiência valeu: fui contratada depois de quatro meses – o estágio deveria durar um ano – porque me acharam competente. E ainda me ofereceram a oportunidade de percorrer o país como porta-voz de uma grande campanha publicitária."

Hoje ela está feliz com a carreira, mas já pensa em mudar. Aposta que o método de tentativa e erro pode funcionar de novo. "Nunca pensei que trabalharia para uma empresa tão grande – trabalho para uma das maiores agências de relações públicas do mundo –, mas questiono se o que faço é intelectualmente estimulante. Eu me divirto, mas não me sinto desafiada e às vezes isso me frustra: fico entediada quando impressiono as pessoas no escritório, porque acho que não fiz nada de extraordinário", admite. Recentemente, Liz decidiu estudar Direito.

O recurso da tentativa e do erro não precisa ser um tiro no escuro. Em alguns casos, quando os jovens adultos dão oportunidade ao acaso mantendo a cabeça sem preconceitos, conseguem ter uma noção dos caminhos que valem a pena. Kara sempre achou que deveria tentar uma carreira em Artes. "Aprendi sozinha a desenhar e pintar. Quando crescesse, sonhava morar sozinha em Nova York e ser artista. Por isso entrei na Faculdade de Belas-Artes. A rotina das aulas, dos trabalhos e dos prazos a cumprir na universidade fez a carreira perder um pouco o encanto para mim. Mesmo assim, não desisti e continuei a achar que seria uma designer gráfica ou fotógrafa."

Depois de formada, Kara resolveu passar uma temporada na Venezuela com o namorado, que nasceu no país. "Àquela altura, meu sonho de virar artista estava fora de propósito", ela diz. "Na Venezuela, comecei então a ensinar inglês num colégio particular. Percebi que era aquilo que eu queria fazer. Lembrei o quanto eu gostava de ensinar crianças em acampamentos de férias. Quando voltei para os Estados Unidos com meu marido – nós nos casamos na Venezuela –, consegui emprego como professora de pré-escola e voltei a estudar para obter um diploma em Pedagogia. Após dois anos e muito trabalho, hoje sou professora de jardim-de-infância e me sinto realizada. Amo o que faço e não me imagino fazendo outra coisa. Continuo a pintar e desenhar nas horas livres, como um hobby, sem a pressão dos prazos e respeitando minha inspiração."

Mudando de idéia

Às vezes, os jovens adultos corrigem o projeto de vida de modo mais abrangente: seja lá por que razão, uma sirene toca e eles mudam de idéia. Sandra abandonou um grande projeto de sua vida: casar-se. "Sempre pensei, pelo menos até a faculdade, que me casaria e criaria meus filhos." Sandra estava noiva quando se formou, mas depois de seis meses resolveu romper o noivado. "Doeu muito mas era necessário. Percebi que não quero fazer do casamento uma meta, porque ia acabar aceitando um casamento muito longe da perfeição só para cumprir um objetivo. Foi isso que eu fiz na faculdade. Conheci uma pessoa que parecia o homem certo e ficamos noivos, mas eu não o amava. E agora que escapei disso uma vez, estou determinada a nunca mais deixar que aconteça; por isso, talvez nunca me case. Tenho um plano B: se eu não estiver casada aos 30, compro um gato (já tenho dois); se continuar solteira aos 35 anos, compro mais um gato, e finalmente, se aos 40 eu ainda não tiver um marido, compro outro. Isso quer dizer que meu objetivo na vida é este: com 40 anos de idade, estarei casada ou terei cinco gatos!"

Para os jovens adultos, mudar de idéia é uma aventura acompanhada por medo e ansiedade extremos. Como diz Sandra, é como recomeçar a vida. "Acredito que finalmente sei o que quero fazer da vida e estou apavorada de fracassar, de estar perdendo tempo", ela diz. "Nunca fui muito de planejar, nunca fiz planos nem objetivos para cinco anos. Tenho a tendência de simplesmente deixar 'o barco correr' e ficar alerta sobre as oportunidades que surgirem. Não acho que vá chegar o dia em que minha vida se estabilize, e fico satisfeita por isso. Para ser sincera, essa é a melhor coisa quando se tem vinte e poucos anos: somos livres. Não temos dívidas, filhos, nem o mesmo emprego há muito tempo. Mas o problema, como já tentei explicar um milhão de vezes à minha mãe, é que a liberdade também é um grande ônus. Quando todas as opções estão disponíveis, é muito fácil ficar sentada e não escolher nada. Eu fui assim durante muito tempo, três anos, acho. Acabei conseguindo um ótimo emprego trabalhando com computador, e realmente gostei de fazer isso por dois anos, mas há pouco tempo me dei conta de que quero trabalhar em outra área e agora preciso começar tudo de novo."

A niteroiense Tatiana, de 29 anos, formada em Contabilidade pela Universidade Federal Fluminense, aproveitou um golpe do destino para dar uma guinada radical em sua vida. Seu sonho sempre foi estudar Veterinária, mas ela não conseguiu ingressar no curso no primeiro vestibular que fez e, com medo de não ser aprovada de novo no ano seguinte, optou pela Contabilidade, carreira menos concorrida. "Fui influenciada por meu pai, que é bancário. Ele dizia que era uma boa carreira para se fazer um concurso público e ter estabilidade de emprego", diz ela. Não era sua paixão, mas ela aprendeu a gostar do assunto e, antes de se formar, já estava contratada por uma multinacional. Trabalhou mais de dois anos na empresa, mas as frustrações se acumulavam. Continuava, porém, a trabalhar com afinco. Acabou demitida por acidente. Tirou férias, foi para a Austrália, mas não conseguiu embarcar de volta para o Brasil na data combinada, devido a um problema com a companhia de aviação. Tentou negociar uma prorrogação de duas semanas nas férias, mas não houve acordo. "Fiquei chocada quando soube que estava desempregada. Mas o choque durou só uns dois dias. Como estava lá, decidi continuar. Passei cinco meses na Austrália." Foi uma fase de descobertas.

Pela primeira vez longe dos pais, Tatiana teve de se virar. Hospedou-se na casa de amigos que fez na Austrália, aprendeu a cozinhar e limpar a casa. "Adorei a experiência." De volta ao Brasil, deu um rumo completamente diferente a sua vida. Casou-se e começou a trabalhar como guia turística. Não conseguiu, contudo, resolver a questão essencial. "Às vezes, gostaria de tentar de novo o vestibular para Veterinária. Mas eu tenho uma profissão e sei trabalhar com ela", diz Tatiana. Ela se queixa de dispersão. Já prestou alguns concursos públicos em que sua formação é valorizada, saiu-se bem em alguns deles, mas não foi convocada até agora. Não se arrepende da guinada, mas agora sente falta de um trabalho que lhe dê independência. "Meu marido tem uma empresa e eu poderia não trabalhar. Mas não quero. Tenho de ter o meu trabalho e o meu dinheiro."

Trocando de emprego

Uma grande diferença entre os jovens adultos de hoje e os de 30 anos atrás é que o mundo dos empregos é completamente diferente. O lado ruim é que diminuem a cada ano os empregos com carteira assinada e, ao menor sinal de crise, patrão nenhum se envergonha de mandar embora levas de bons funcionários. Antigamente, o jogo não era tão bruto. Mas também há um lado bom no mercado de trabalho flexível. É possível transitar em áreas emergentes e trilhar caminhos diferentes. É muito comum que os recém-formados não se adaptem ao primeiro emprego. A oportunidade de mudar, portanto, é positiva. "O tédio é parte inevitável de suas primeiras etapas numa carreira", afirma Derrick, formado pela Universidade James Madison, Virgínia. "Lembre-se apenas de que você é jovem e não vai ficar no mesmo emprego pelo resto da vida. O importante é que está ganhando dinheiro e se sustentando. Se a experiência não for satisfatória, você deve tentar ficar no emprego pelo menos um ano, para não parecer que você não cria raízes. Depois, tudo bem se você pedir as contas", diz.

A flexibilidade do mercado de trabalho produz histórias felizes como a da engenheira paulistana Juliana, de 25 anos, que já teve quatro empregos diferentes no primeiro ano após a formatura. Ela nunca pensou que seria assim. Nos dois últimos anos de faculdade conseguiu um estágio numa empresa de telecomunicações que acabara de ser criada no Brasil. Ficou tão entusiasmada com a experiência que até reorientou sua especialização: em vez de Engenharia de Produção, formou-se em Engenharia em Telecomunicações. Depois da formatura, tinha grande expectativa de ser contratada. E recebeu uma proposta. "Me ofereceram um salário muito baixo e sem carteira assinada, com a alegação de que a empresa estava em crise. Achei uma afronta. Estava fazendo um trabalho muito bom, bastante elogiado. Me senti péssima. Chorei muito. Pedi um tempo para dar uma resposta e resolvi dizer não", lembra Juliana. Ela foi trabalhar no escritório da mãe, que também é engenheira. Em alguns momentos teve dúvidas se havia tomado a decisão certa. "Às vezes eu discutia com a minha mãe, como é normal, e pensava: eu tinha que estar trilhando meu caminho, não devia depender da família." Logo apareceu um trabalho, numa organização não-governamental que patrocina programas de qualidade e produtividade em empresas. "Me senti muito feliz porque me deixaram à vontade para produzir e me respeitaram profissionalmente." Dali, ela foi indicada para trabalhar numa organização de apoio a pequenas empresas, num programa voltado para o desenvolvimento de municípios muito pobres. "É um trabalho fantástico, porque sinto que estou ajudando a quem precisa. Sempre fui envolvida em trabalho voluntário, estudava em uma escola católica, dava aula de artesanato numa creche e fazia até catequese. Nunca imaginei antes que poderia associar a profissão de engenheira com meu lado humano", brinca Juliana.

De vez em quando, ela encontra colegas de faculdade, alguns deles empregados em grandes empresas, que a questionam sobre o rumo que tomou. "Eles não aceitam que eu tenha aberto mão do emprego numa grande empresa. Alguns deles estão ralando, às vezes trabalhando como office-boys de luxo, mas enchem a boca para dizer o nome da empresa em que trabalham, como se isso fizesse parte de seu status pessoal. Desejo que eles sejam felizes, mas não me arrependo. Faria sentido eu continuar na empresa de telecomunicações, mesmo ganhando pouco, se eu tivesse alguma coisa a aprender. Mas não tinha. Eu implantei um sistema de indicadores de desempenho, que não era trabalho de estagiário, e era cobrada pelo presidente da companhia. Na hora da cobrança, eu era uma profissional competente. Na hora de definir meu salário, só uma estagiária. Não é justo."

Juliana se formou no início de 2003, ano em que o Brasil amargou o pior desemprego de sua história. As chances para quem está começando ficaram reduzidas, mas não deixaram de existir. Ela aprendeu que, com sua capacidade de trabalho, não faltam oportunidades – no mercado formal ou no informal. "Não me arrisco mais a tentar prever o futuro. Há coisas que você pode planejar na carreira. Eu, por exemplo, me preocupo em ser uma profissional justa e coerente. Mas aprendi que é bobagem você imaginar o que estará fazendo amanhã ou ancorar sua carreira numa grande empresa. Há outros modos de ser bem-sucedido."

Evolução constante

Boa parte do estresse dos jovens é causada pela confluência de decisões que eles têm de tomar ao mesmo tempo em relação à carreira (costuma ser a principal), vida amorosa, onde morar. Esforçam-se em definir vários objetivos e querem alcançá-los todos ao mesmo tempo, como se disso dependesse a conquista da felicidade. O problema é que, nesse jogo, não existe a garantia de "ser feliz para sempre". A satisfação nos primeiros anos de carreira pode não ser duradoura. É preciso estar sempre pronto a reavaliar velhas escolhas, colocando-as na balança e descartando-as, se já não tiverem o peso de antigamente.

Muitos jovens como Phil, 25 anos, nascido em Nova Orleans, planejam continuar mudando de vida, pois temem cair na monotonia. "Sempre penso: quanto tempo mais vou fazer isso? Será que vou passar o resto da vida fazendo a mesma coisa? Acho que não, mas hoje me sinto à vontade no que faço. Mas chegará o dia em que vou sacudir esse marasmo. Em quatro ou cinco anos é possível que eu não agüente mais. Talvez volte a estudar. Talvez mude de profissão. Encontrar novas oportunidades faz a vida voltar a vibrar."

Como disse Jeff no começo deste capítulo, o dia em que tudo estiver assentado na vida pode muito bem ser... o fim da vida. O processo de descobertas é valioso até quando não alcança certezas definitivas. Pode ser que jovens adultos sejam felizes mesmo se jamais conseguirem definir o que querem fazer. Isso porque a busca por respostas os levará a desafios constantes e tornará a vida interessante. Mike, que se formou em 1995 pela Universidade George Washington, não se impacienta mais por não ter um grande plano de vida. Aprendeu que as experiências de vida levam a mudanças de rumo e o melhor é deixar o barco correr. Depois que recebeu o diploma em Direito, mudou-se de Washington. Não tinha muita idéia de onde queria chegar, mas percebeu o essencial: teria de trabalhar duro se quisesse ir adiante. "Aprendi a cobrar de mim muito mais do que nos tempos da faculdade, onde havia uma agenda estabelecida. Também aprendi a ser paciente. Sempre fui um sonhador, mas descobri que transformar sonho em realidade não é simples.

Acredito que, quando se trabalha duro, as coisas acabam se encaixando, embora nem sempre se possa controlar quando ou como as coisas acontecem. Continuo me esforçando para progredir, mas nesse processo de descobrir o que me faz feliz as experiências vão transformando as metas."

Quando os jovens adultos estão mergulhados na crise, as coisas parecem caóticas e sem solução. Mario, formado pela Universidade de Tufts, propõe que os recém-formados conduzam sua procura apenas com o lema "seja feliz". Assim, segundo ele, a transição torna-se tolerável. "Eu tento fazer o que me deixa mais feliz e penso primeiro em mim – sou um pouco egocêntrico... Se as pessoas pensassem mais nelas mesmas, seriam mais felizes. Às vezes é preciso ceder, mas às vezes as pessoas cedem demais", afirma. "Não aceite um emprego porque paga mais, porque faria seus pais felizes ou causaria boa impressão aos amigos. Aceite o trabalho porque é o que você quer fazer; se o salário for bom, melhor ainda! E não se preocupe com o que os outros pensam. Pense no que você quer." É simples de dizer, mas muitos jovens acham dificílimo pôr em prática.

Dois
E se eu tiver medo de deixar de ser criança?

Lembra da hora do recreio? Eis uma grande invenção, o recreio – aquela pausa para se divertir com os amigos entre brinquedos, escorregadores e álbuns de figurinha. Se a maioria das empresas criasse um período de recreio no meio do expediente – não logo após o almoço, mas, digamos, lá pelas três horas da tarde –, os funcionários ficariam mais satisfeitos, produtivos e bem-dispostos. Todo mundo já ouviu falar daquelas empresas de tecnologia em que o trabalho é puro divertimento – e os empregados são pagos para testar e desenvolver novos jogos de computadores. A maioria dos patrões, porém, nem sequer cogita em dar um recreio para os empregados.

O recreio simboliza muito do que nos fazia felizes quando éramos crianças: um intervalo para brincar, torcer e até correr riscos (quem nunca foi parar na enfermaria depois de um "incidente" não soube aproveitar o recreio). Havia uma regra – supervisionada pelos professores – que garantia acesso de todos aos brinquedos e repreendia os jogadores violentos que sangravam a canela dos adversários. Mas, em geral, todos estavam mesmo interessados em brincar. Recreio é sinônimo de infância. E a infância, depois que termina, ganha áreas mágicas em nossa memória. A gente não se preocupava com a aparência, nem com alimentação saudável, nem em agradar as pessoas certas, nem em dar certo na vida. Nossos pais cuidavam de tudo. Simplesmente existíamos. E éramos felizes.

Tudo era incrivelmente simples. Um grande programa era ver os desenhos do Scooby-Doo, embora sempre acabassem do mesmo jeito. Comida predileta? Sanduíche e batata frita. Trocávamos objetos de desejo, que podiam ser figurinhas, adesivos, chicletes, jujubas... Na praia, a gente enfrentava as ondas com prosaicas pranchas de isopor e construía castelos de areia. Às vezes também comíamos areia!

Não vamos escrever uma daquelas redações do tipo "As crianças da década de 80". Este livro deve interessar também às crianças da década de 90 e às do início do século XXI, que conhecem os desenhos animados dos Simpsons, mas não têm a menor idéia do que seja um Smurf... As lembranças da infância trazem de volta um tempo em que nada tinha grande importância. Esses fragmentos de saudade, para muitas pessoas, associam-se à idéia de felicidade. Recordar é viver de novo, nem que seja apenas por alguns momentos. Quando perdem a capacidade de se divertir com o passado e a infância vira apenas um retrato na parede, os jovens se assustam e se perguntam se não perderam aquele encanto para sempre.

Devon, nossa professora em Houston, fica apavorada com a idéia de deixar de ser criança. "Estou convencida de que quase tudo no mundo está errado porque há adultos demais", afirma. "Outro dia, enquanto eu malhava na esteira da academia, percebi como somos insensatos: como as pessoas gastam dinheiro para suar em salas claustrofóbicas e infestadas de germes, quando tudo de que precisam é caminhar ao ar livre?"

Devon tem uma boa desculpa para relembrar a infância, sem se envergonhar. "Como sou professora, fico olhando a meninada no recreio jogando bola, pulando corda e correndo, enquanto os professores comem sem se levantar da cadeira (eu também fazia isso...)", conta ela. "Nunca fui do tipo esportivo, embora hoje leve uma vida mais ativa do que antigamente. Mas um dia, na hora do recreio, eu tomei uma atitude e fui brincar com os alunos. Tentei jogar basquete com os meninos, mas quando minha falta de coordenação ficou muito evidente me juntei às meninas, que pulavam corda. Logo descobri que também era preciso coordenação para brincar. Mas me diverti bastante. Os outros professores acharam que eu tinha pirado. Às vezes as pessoas pensam isso de mim, mas a criançada adorou. Amanhã, se puder, vou brincar de novo com eles."

É fácil para Devon resgatar a mística do recreio, porque, afinal, ela trabalha como professora de crianças. Isso não ofusca seu esforço em manter vivas as lembranças da infância para aplicá-las a outros aspectos de sua vida – esforço que é seguido por muitos jovens adultos. "Estou convencida de que as pessoas se levam muito a sério. Não tenho certeza de quando isso começa, talvez seja mais ou menos pela minha idade, quando o estresse da vida real começa a se acumular sob a forma de dinheiro contado, desafios profissionais e relacionamentos desgastados", ela diz. "Os adultos perdem algumas das melhores coisas da vida simplesmente porque as ignoram. Eu me esforço em manter acordada a criança que existe em mim. Tenho sorte de estar cercada de crianças. Acompanhar suas descobertas é impressionante e me estimula a descobrir coisas novas em mim. Para dizer a verdade, acho que mais cedo ou mais tarde as crianças vão descobrir que não sou adulta e aí vou ficar desmoralizada. Por enquanto, consigo enganar a maioria delas."

Na opinião de Devon, os jovens se agarram à infância porque não querem perder aquele espírito livre de preconceitos. Esquecer a infância significa morrer um pouco, matar o pedaço mais autêntico de sua identidade.

Shane, um rapaz de 23 anos que mora no Tennessee, acha que os jovens temem deixar de ser crianças porque querem conservar o vigor e a aparência juvenil. "A decadência física é cruel e assustadora", diz Shane, "e todo mundo gostaria de deter seus efeitos cumulativos. O medo de envelhecer é explorado pelo comércio e a publicidade. A juventude é vibrante. A juventude 'vende'. Mas essa busca é calcada numa ilusão", pondera Shane. Se as pessoas pudessem voltar aos anos em que não havia motivo para se preocuparem com a decadência física, também estariam voltando a uma época em que não tinham consciência para valorizar isso. Para quê?

Segundo Shane, esses questionamentos produzem um conflito na cabeça dos jovens adultos. Na prática, ainda não há razão para lamentar a juventude perdida, mas esse medo já começa a ocupar espaço em seus corações e mentes. Misturam-se vontades antagônicas de avançar e recuar ao mesmo tempo. "Muitas vezes me olho no espelho e penso que meu corpo vai ficar um bagulho, mas aí me lembro de que tenho vinte e poucos anos. Se eu acho isso agora, o que vou pensar quando estiver com 30 ou 40?", diz. "Também penso que deveria ter me preocupado com isso quando era criança e adolescente. Mas eu não sabia quase nada, não é justo me culpar. Pensando bem, acho que vale mais a experiência e o conhecimento do que os atributos físicos. Talvez eu esteja amadurecendo ou talvez já esteja cansado de esquentar a cabeça com isso. De todo modo, sei que não posso parar o tempo e que não faz sentido ficar xingando cada segundo que me deixa mais velho."

A ex-namorada de Shane morria de medo de virar adulta. Um dos motivos para terminarem o namoro foi a histeria com que ela enfrentou a iminência de fazer... 20 anos de idade. "Francamente, acho que existe um monte de problemas mais importantes para se preocupar", diz Shane. "Ela estava na flor da idade. Se ela tem medo de fazer 20 anos, também vai ter medo de correr riscos e de fazer coisas por conta própria. Concordo que duas décadas de vida são um marco. Me lembro de quando fiz 10 anos e tentei ganhar um presente caro da minha mãe, dizendo que era a primeira década da minha vida e nunca mais faria 10 anos novamente, mas não colou. Aos 20, a vida está apenas começando, mas minha namorada se comportava como se fosse o fim." Com visões do mundo – e do futuro – divergentes, os dois romperam logo após o aniversário dela. O temor em dobrar a curva dos 20 anos, contudo, está longe de ser incomum.

O fim da inocência

Há momentos especiais em que os jovens se dão conta de que já não são mais crianças. Quase sempre são momentos de grandes estréias, como o primeiro namoro firme, o primeiro emprego, a decisão de sair da casa dos pais – e mudar-se para o primeiro apartamento. Tanya, que se formou pela Universidade de Vermont, diz que se sentiu adulta pela primeira vez depois de se formar. "Estava com 23 anos e me mudei para o meu próprio apartamento. Da primeira vez que ouvi o zumbido do motor da geladeira senti um frio na barriga: aquela era a minha geladeira, no meu apartamento! De madrugada, me lembro de levantar e ir contentíssima para o banheiro, porque o banheiro era só meu." Mas a sensação de poder se mescla à ansiedade de estar deixando para trás a vida de criança. "Às vezes, quando estou no metrô lotado indo para o trabalho, penso: minha vida será assim nos próximos 50 anos, não há volta. Isso assusta. Fazer 25 anos não foi nada divertido, nunca me senti tão perto dos 30."

Tanya diz que só vai se sentir mesmo uma adulta quando tiver filhos. É uma opinião compartilhada por muitos jovens de sua geração: a de que a infância só estará encerrada quando eles forem responsáveis pela infância de outra pessoa. Mas o choque de ser pai ou mãe, paradoxalmente, também leva os jovens adultos de volta à própria infância.

Para Laura, de 29 anos, ter um filho a fez agir como criança. "Me sentia indefesa, não sabia o que estava fazendo, e ficava telefonando para minha mãe a cada cinco minutos pedindo ajuda."

Jesse, de Nova York, lembra que a experiência de ser pai é uma responsabilidade tão grande que força os jovens a amadurecer. "Tive um filho aos 29 anos, e isso muda tudo", diz. "Quando você se casa, fica responsável por outra pessoa, mas é uma pessoa que pode tomar conta de si mesma. Quando você tem um filho, essa pessoinha é totalmente indefesa. Ela não chega chamando você de 'papai'. Se ela fica acordada, você também fica, mesmo que esteja morrendo de sono. Se o bebê está com fome, você tem que dar comida. É uma experiência muito estranha no começo."

A paternidade é um marco, mas Jesse sabe que não foi arremessado da infância para a maturidade quando se tornou pai. A transição aconteceu muito antes, durou vários anos e foi marcada por uma série de mudanças que o fizeram crescer. "Antes de entrar na faculdade, morei com três colegas num apartamento que era um chiqueiro. E saía para tomar cerveja toda noite", ele diz. "Logo no primeiro ano da Faculdade de Direito fui morar num apartamento com minha namorada. Era como se minha garota e eu estivéssemos 'brincando de casinha'. A situação não parecia totalmente real. Eu desempenhava o papel de adulto, mas não me sentia adulto. Era muito cedo para a gente assumir um compromisso, por isso decidi trabalhar e morar sozinho em outra cidade, bem distante de Nova York. Comprei um carro, dirigi pelo país inteiro e cheguei lá. Não conhecia ninguém e só podia contar comigo mesmo. Quando vi que eu dava conta da situação, achei que podia me casar e ser um adulto."

Nina, de 23 anos, moradora de Seattle, diz que seu caminho rumo à idade adulta é marcado por lembretes diários de que a vida está mudando e ela não pode fazer nada para impedir isso. "Às vezes, percebo isso quando acordo de manhã no meu próprio apartamento e faço meu café. Ou quando estou experimentando roupa no provador de uma loja. Ou quando checo meus recados na secretária eletrônica do escritório. Ou quando estou a caminho da casa dos meus pais. Ou quando estou tomando uma vodca num bar, puxando conversa com um advogado de 30 anos, perguntando se ele assistiu ao último episódio da série *Friends*. Eu posso também estar num show, passando um 'baseado' para o garotão ao meu lado e me perguntando: 'Que droga estou fazendo aqui? Tenho uma reunião às nove da manhã!' Esse tipo de coisa acontece quando menos se espera. Não acho ruim viver esses momentos, desde que você tire deles algum proveito. Envelhecer é um processo do qual ninguém escapa. Quem vive temendo o inevitável não está vivendo de verdade. Quem tem pavor das mudanças desperdiça a chance de aproveitá-las. Os momentos em que faço uma pausa e avalio minhas conquistas são agridoces: fico triste porque estou envelhecendo e não posso reviver o que passou. Mas sinto que acumulei muitas experiências, não preciso passar de novo por elas e já posso cuidar de outros desafios. Isso ameniza a tristeza."

A transição entre a infância e a idade adulta produz confusão e medo. O choque entre esses dois mundos deixa os jovens indecisos: em qual deles vale a pena investir mais? Para Olivia, essa indefinição cria questionamentos que ela ainda não aprendeu a responder. "Em alguns aspectos, fico animada por deixar de ser criança. Eu quero pagar as minhas contas. Venho de uma família endinheirada e sempre recebi as coisas de mão beijada", diz. "Fico feliz porque, pela primeira vez na vida, só estou gastando o que posso. É duro: ganho pouco em meu emprego numa entidade não-governamental e moro em São Francisco, uma cidade com custo de vida elevado. Mas estou feliz de ser independente."

Olivia acha estranho ser vista pelos outros como uma adulta porque ainda não sabe direito o que isso significa. Se amadurecer for reprimir as coisas divertidas da infância e da adolescência, ela não faz muita questão de ser adulta. "Sempre me esforço para conservar meu lado infantil", ressalta. "Quando recebi meu diploma, grudei bonequinhos *teletubbies* no chapéu de formatura. Achei importante que na minha passagem para o mundo adulto houvesse personagens infantis. Tenho algum medo de ser adulta porque isso, de certo modo, quer dizer que a diversão acabou. Quero gozar a vida e não estou disposta a abrir mão das diversões de *jovem* que me dão prazer. Gosto de sinfonias e de ir ao teatro, mas também gosto de beber e adoro passar a noite dançando música *techno*. Gosto de namorar, *ficar,* me apaixonar. E não resisto ao apelo do luar. Quando vou parar de fazer essas coisas? Espero que nunca. Mas é pouco provável que, aos 45 anos, ainda vá me comportar assim. A questão é: onde fica a fronteira? Será que terminar a faculdade significa que a diversão acabou?"

Somos adultos ou não?

Às vezes é difícil enxergar a fronteira entre a infância e a maturidade também pelo motivo oposto: o jovem já se vê como adulto, mas as pessoas que o cercam continuam a tratá-lo como criança. Amanda, 24 anos, se sente pouco valorizada na empresa de consultoria econômica em que trabalha. "Pensei que fosse gostar de trabalhar entre outros jovens, mas acabou não sendo bom. Os chefes não nos dão muitas responsabilidades. Nos vêem como aprendizes, não como colegas de trabalho", ela diz. A auto-estima sofre. "O emprego é legal e gosto dos meus colegas, mas o trabalho é um saco e, na maior parte do tempo, não tenho o que fazer. Não gosto de me sentir como um quebra-galho, alguém a quem os chefes recorrem quando precisam de alguma coisa pouco qualificada", ela reclama.

A vantagem de trabalhar com outros jovens pode ser ofuscada pelo desconforto de integrar um grupo visto como "despreparado" pelos colegas mais experientes. Brando, de 24 anos, vive em Los Angeles e trabalha num estúdio de televisão, num time de 25 jovens auxiliares. "Todos têm mais ou menos a mesma idade. Uma ou duas vezes por semana e um fim de semana no mês a "galera" toda vai pra casa de alguém ou para um bar. É muito legal", diz. "Mas também tem o lado da competição. Todos querem vencer na indústria do entretenimento, então há uma rivalidade instantânea." Embora o ambiente juvenil seja estimulante, Brando reclama que é difícil sentir-se adulto. "É como se fosse um pré-emprego", diz ele. "Trabalhando como auxiliar na TV, temos de usar uniformes de poliéster, e isso dá muita bandeira. Não tem a ver propriamente com idade, é que você fica rotulado. Todo mundo sabe que você acabou de se formar. Fora do grupo, todas as outras pessoas são visivelmente mais velhas do que nós. Eles nos olham e acham que não somos apenas jovens, também somos idiotas. A culpa não é deles: alguns de nós são *mesmo* idiotas, mas isso, afinal, costuma ser corrigido pelo tempo. Por causa dos uniformes, nem conseguimos fingir que somos adultos. É uma coisa humilhante, é como se a gente usasse uma etiqueta que diz 'calouro'."

A armadilha dos pais

Uma das mudanças mais desafiadoras é a transformação da relação entre pais e filhos. É claro que o vínculo com a família nunca desaparece: seus pais sempre serão seus pais, e você, o filho ou filha deles. Mas, principalmente depois da formatura, o jovem adulto começa a compreender que um muro que os separava ruiu e não há mais aquela separação "eu sou adulto e você é criança". Agora que os jovens adultos já não estão estudando, pode ser que trabalhem com pessoas da idade de seus pais; podem sair para beber com gente da idade de seus pais, podem até chefiar pessoas da idade de seus pais e, com freqüência cada vez maior, talvez até namorem gente da idade de seus pais. Com o tempo, os jovens adultos começarão a ver seus pais como – ufa! – pessoas. Que sensação estranha!

Andrea tem 22 anos e começou a namorar um homem de 51 pouco antes de se formar. Ela classifica a relação como a de um casal "sem idade", embora o namorado seja apenas cinco meses mais moço que o pai dela. Andrea foi esquecendo a diferença de idade à medida que o casal descobria cada vez mais interesses em comum. Mas, embora ela se considere uma adulta independente, correu atrás da aprovação dos pais. "Sabia que, se eu começasse a sair com ele, meus pais poderiam desaprovar. Resolvi consultá-los. Não se entusiasmaram com a idéia, mas admitiram que meu namorado parecia ser uma pessoa bacana. E disseram que me dariam sua opinião depois que o conhecessem melhor. Fiquei feliz porque foram tolerantes e levaram meus sentimentos em consideração."

E se os pais tivessem desaprovado o relacionamento? E se vierem a bombardeá-lo no futuro? Amigos disseram a Andrea para fincar o pé e fazer o que o coração manda. Mas ela diz que seguiria a orientação dos pais. "Muita gente pode achar que sou imatura, que, se eu fosse mesmo adulta, saberia o que realmente é certo, sem considerar o que os outros pensam", diz. "Não concordo com essa concepção de liberdade. Se o que eu acho sempre predominar sobre o resto, estou condenada a viver num mundo que não é maior do que meus próprios caprichos. Meus caprichos são muito importantes para mim – até demais, para ser sincera. Adoro lençóis de cetim e roupas de grife, mas esses confortos não são o fundamental. O que isso tem a ver com meus pais, com as minhas decisões, com fato de já não ser criança? Na minha opinião, os pais – a família, de modo geral – são uma forma de alcançar a liberdade. Existem situações que meus pais conhecem melhor do que eu. Quando reconheço isso, me coloco num mundo e numa história maiores do que eu."

O abismo entre o mundo da criança e o do adulto pode ganhar cores surreais quando o recém-formado volta a morar com os pais depois de viver sozinho, quando fazia faculdade. Isso é comum nos Estados Unidos, pois muitos jovens mudam de cidade para fazer o curso superior. Após quatro anos ou mais de relativa independência, voltar ao antigo quarto é, no mínimo, estranho. O bordão "enquanto você estiver vivendo sob meu teto" volta a ser um fator a considerar. Num momento em que o jovem se esforça para se afirmar longe da proteção do ambiente universitário, morar na casa dos pais pode provocar um retrocesso. As alegres noites de pizza e cerveja dão lugar à obrigação de pôr a mesa e ajudar a lavar a louça.

Devon teve essa sensação ao voltar a morar com os pais, depois de terminar a faculdade. Ela hesitou em retornar, mas concluiu, na época, que era o melhor a fazer. "Meu novo emprego ficava a menos de cinco minutos da casa de meus pais e a verdade é que eu não ganhava o suficiente para me sustentar sozinha. Engoli o orgulho e voltei para lá", lembra Devon. Depois de quatro anos "fazendo o que eu queria, da forma como eu queria e na companhia de quem eu queria", a obrigação de seguir a orientação dos pais era constrangedora. "Não existe nada errado em morar com os pais. Meus pais são maravilhosos e nos damos muito bem. Minha mãe é superprotetora, e papai, às vezes, é passivo demais para o meu gosto, mas eles são meus pais e eu os adoro. Só que eu não queria morar com eles. Viver com eles me fazia sentir estranha."

A situação durou um ano e meio. Devon concluiu que não conseguiria amadurecer enquanto continuasse a dormir no quarto que a lembrava de sua coleção de bonecas. Economizou algum dinheiro, alugou um apartamento e decidiu enfrentar a vida, apesar do salário curtíssimo de professora. "Encontrei um apartamento ótimo. Ele é meu! Não comprei, claro, mas é alugado e pago com meu salário. Tudo dentro dele fui eu que comprei e paguei", orgulha-se. "É uma sensação libertadora. Estou penando para pagar minhas contas, mas fico muito feliz porque estou conseguindo. Faço um curso de mestrado à noite. Isso também me faz feliz. Já houve ocasiões em que quase atrasei o aluguel, mas vou em frente. Nas horas de sufoco, tenho dúvidas se a minha decisão fez mesmo sentido. Mas era o que eu devia fazer para encarar essa fase de transição, cristalizar minha identidade de adulta e crescer como pessoa. Para vencer essa travessia, é essencial que eu possa me sustentar integralmente. Não poderia fazer isso vivendo com meus pais."

Para outros jovens adultos, voltar à casa dos pais tem certas vantagens – eles se liberam das tediosas responsabilidades domésticas e podem concentrar sua energia em empreitadas mais produtivas. O apelo da "casa, comida, roupa lavada e afeto" é fortíssimo e o desconforto pode ser reduzido quando os pais compreendem que não têm mais um adolescente em casa.

Dois anos depois de se formar, Anna voltou a morar com os pais. Fez isso porque não tinha a menor idéia de onde queria chegar ou do que queria fazer com sua vida. Após dois anos lecionando, concluiu que não gostava de ser professora. Ela tinha um diploma de técnica em emergência médica e, enquanto pensava no futuro, resolveu ganhar dinheiro dirigindo uma ambulância. Sob o mesmo teto dos pais, ela se viu novamente no papel que desempenhava quando criança. "Eu não tinha amigos quando voltei para casa. Fiquei amiga da equipe da ambulância e nós íamos juntos ao cinema. Mas eu também saía muito com meus pais. Somos muito unidos e era bem mais fácil ficar com eles do que fazer novas amizades."

"Desde a adolescência, sempre fui responsável, nunca arrumei confusão. Como continuei a me comportar desse jeito, acho que meus pais imaginaram que eu era a mesma menininha dos tempos de escola. Aos olhos deles, eu não tinha crescido. Era muito chato. Meu pai me dava conselhos infantis do tipo: 'Quando você for ligar o carro, não esqueça de ver se a marcha está engatada.'" Mas o período que passou na casa dos pais deu a Anna a chance de recuperar o fôlego, refletir sobre sua vida como adulta e determinar o que realmente queria fazer. "Aprendi que eu não poderia suportar a rotina de motorista de ambulância e ser feliz. A equipe trabalhava das nove às cinco, saía para beber à noite e ia para casa, todo santo dia", conta Anna. "Mas, se eu não tivesse morado de novo com meus pais, talvez não percebesse que queria mais da vida. Resolvi ir morar sozinha e voltei a estudar."

Depois que se formou, Kristen, 25 anos, também voltou a morar com os pais enquanto resolvia o que fazer do futuro. Achava que não ficaria lá muito tempo, que seria algo temporário, só enquanto procurava trabalho. Logo percebeu que voltar para casa tirava parte da motivação necessária para encontrar um emprego sério que a desafiasse profissionalmente. "Eu sabia que era capaz de viver sozinha numa cidade estranha. Já havia provado isso quando fui fazer mestrado na França. Mas, quando fui procurar uma cidade para morar nos Estados Unidos, tive muita dificuldade em definir aonde eu queria ir e o que queria fazer", diz ela. "Nesse meio tempo apareceram oportunidades de trabalho na região onde meus pais moram e eu as aceitei porque eram a solução mais simples. Não me arrependo da decisão. Os empregos foram ótimas experiências. Mas as coisas não saíram como eu tinha planejado."

A comodidade que tolheu a motivação para investir na carreira também permitiu a Kristen determinar um novo rumo para sua vida, sem se preocupar com limitações financeiras. "Neste ano em que vivi com meus pais, decidi continuar os estudos, e é isso que estou fazendo agora", declara. "Logo vou deixar meu trabalho e me mudar para outra cidade. Uma parte de mim gostaria de continuar aqui. Esse talvez tenha sido um dos motivos pelos quais fiquei com meus pais: eu queria estar num lugar que conhecesse, não estava com vontade de ir para um lugar estranho. Eu poderia ter ido para Paris ou para a Bélgica. Sei, graças a experiências passadas, que vou me dar bem aonde quer que eu vá e espero que este ano me ajude a definir minhas paixões e o que eu gostaria de fazer profissionalmente."

Outros descobrem que a retaguarda financeira da família não passa de uma desculpa para encobrir sua real motivação: voltaram à casa dos pais porque estavam carentes de apoio emocional. Justine, formada pela Universidade de Utah, diz que foi morar com os pais para poder economizar. Com o tempo, se deu conta de que continuava lá graças ao estímulo que recebia deles. "Meus pais me deram todo o apoio e me incentivaram a fazer mestrado, que acabou sendo importante para mim", diz ela. "Eles foram compreensivos com minha ansiedade quando eu estava para terminar a faculdade. Me sentia frustrada, desanimada. Sentia que tinha passado a vida estudando e que agora não tinha opção: precisava ingressar no mundo real."

Influência que nunca acaba

Os pais mantêm um poder de influência enorme sobre os recém-formados, até mesmo sobre aqueles que decidem morar sozinhos e longe o bastante para escapar dos almoços em família no domingo. Claro que eles querem ajudar. Mas se existe uma coisa que pode tirar um jovem do sério são os conselhos, normalmente bem-intencionados, que não escondem a pressão para que o filho "dê certo na vida". Mesmo quando enfrentam os pais e se mantêm firmes no caminho escolhido, os jovens sempre sofrem por causar alguma decepção à família.

Phil, um rapaz de 25 anos nascido em Nova Orleans, afirma que pagou todos os seus pecados num emprego de atendimento ao consumidor numa empresa de informática. Além de ganhar muito pouco, tinha que aturar as insinuações da família. O calvário durou quase um ano, logo depois que ele se formou em Economia: "Ficava de saco cheio com minha mãe me telefonando toda semana para contar que tinha lido um artigo sobre um sujeito da minha idade que ganhava cinco ou seis vezes mais do que eu. Ela dizia coisas assim: 'Li um artigo fantástico numa revista sobre um rapaz de 24 anos que está ficando rico depois de inventar uma engenhoca que dá descarga automática no banheiro. Vou mandar a matéria para você pelo correio junto com uns formulários para um curso de mestrado que andei pesquisando. Outro dia, encontrei-me com a sua professora de ginásio, que perguntou o que você estava fazendo e me contou o que aconteceu com alguns de seus colegas. Nem te conto. Tem dois que montaram uma empresa e já são patrões de uma porção de gente'."

Embora Phil compreenda a boa intenção dos pais, não agüentava mais ouvir falar de artigos e reportagens de TV mostrando jovens bem-sucedidos. A pressão, até mesmo quando não é tão explícita, azeda o humor e torna a vida mais desgastante. "Acho que essa história remonta aos dias em que os pais queriam que os filhos fossem médicos ou que as filhas se casassem com médicos. Eu ganho mais dinheiro do que minha mãe ganhou nos seus 20 anos de carreira, por isso não entendo a insatisfação dela", diz Phil. "Entendo a preocupação deles, mas a vida é minha e vou levá-la do jeito que eu quiser."

Liz, 29 anos, que vive em Nova York, não gosta de ouvir os conselhos dos pais sobre relacionamentos amorosos. Considera as opiniões muito ultrapassadas. Os pais se casaram muito cedo, aos 22 anos, e acham estranho que Liz continue solteira. "Mamãe vive dizendo que sou seletiva demais, que julgo os homens muito rápido. E olhe que não sou tão seletiva como era antigamente. Sou rigorosa quanto ao que considero o cara certo para mim, mas, se ele não for tudo o que desejo, não vou terminar só por causa de uma pequena falha de personalidade."

É difícil para os jovens avaliar se os conselhos dos pais, que foram sua principal referência, se aplicam à vida de adulto, como descobriu Olivia. "Adoro a idéia romântica de ir morar sozinha em outra cidade, mas minha mãe e minha irmã dizem que eu me sentiria muito solitária. E me aconselharam a ir morar numa cidade onde eu já conheça alguém", diz Olivia. Sempre que fala em fazer sua primeira grande viagem, a mãe também tenta demovê-la. "Ela fica dizendo que vai morrer de saudade. É claro que eu também vou sentir falta dela, mas viajar é importante para mim. Será que ela quer que eu fique agarrada à sua saia só para agradá-la? Não posso ir à Índia só porque não conheço ninguém lá? Esse é um exemplo de como terei de contrariar meus pais daqui por diante. Eles não querem que eu viaje sozinha, não querem que eu vá viver onde não conheça ninguém. Acontece que isso, para mim, é adrenalina. Não quero estar no meu leito de morte, aos oitenta e tantos anos, pensando que não fiz as coisas que gostaria de ter feito. Mas é difícil conciliar meus sonhos e minhas ambições com a superproteção de meus pais."

Abismo entre gerações

Parte do problema tem origem num fosso que se abriu entre a geração dos jovens adultos e a de seus pais. Resumindo: os tempos mudaram, mas a maioria dos pais talvez não esteja preparada para compreender a extensão dessas mudanças. Nas palavras de Lori, de 27 anos: "Meus pais não entendem o mundo em que vivemos agora, muito diferente em termos de empregos e oportunidades. Eles se perguntam por que, se existem tantas oportunidades, temos tantas dúvidas e tornamos as coisas tão difíceis? Eles não cresceram usando computadores nem Internet. Meu pai nunca teve dúvida de que seria médico e minha mãe foi lecionar porque as mulheres ou eram professoras ou secretárias naquela época."

Para Phil, o fosso é agravado pela falta de informação. "As pessoas de nossa idade e os mais velhos estão desconectados, mas não é apenas uma lacuna entre gerações. De modo geral, ninguém entende nossas angústias", ele afirma. "A mídia não fala das nossas aflições. Na TV, nos noticiários e nos jornais, ninguém trata especificamente de nós. Me sinto muito pressionado a ganhar dinheiro e ser bem-sucedido. Mas às vezes gostaria de pôr uma mochila nas costas e sair viajando, sem destino. Certamente, essa não é a maneira como nossos pais, e as pessoas em geral, definem o sucesso. Mas ganhar dinheiro não é tudo. Estamos numa fase em que deveríamos explorar várias possibilidades, outros potenciais."

Apesar das dificuldades em conciliar as diferenças entre gerações, alguns jovens adultos propõem que os laços de dependência se afrouxem gradativamente, e não de uma vez só, logo após a formatura. Assim, a transição será mais fácil para ambas as partes. "Sempre achei que a forma como confiamos em nossos pais muda naturalmente", afirma Jordan. "Quando crianças, dependemos deles para tudo. Durante os anos de faculdade dependemos de nós mesmos, mas ainda contamos com nossos pais. Nunca acreditei que haveria uma época em que já não deveríamos pedir ajuda aos pais. Mas, com a passagem do tempo, a dependência diminui naturalmente."

Na opinião de Darryl, muitos jovens adultos não enxergam que os pais também vivem uma transição de papéis e, na maioria das vezes, estão se esforçando para acertar. É fácil pôr a culpa na família. Difícil é compreender que os pais talvez não tenham instrumentos para ajudá-lo a tomar decisões fundamentais. "Já mudei para várias cidades e sempre tentei me virar sem ajuda. Acabei aprendendo três coisas. Primeira: se você vive a dois mil quilômetros de distância, não deve importunar seus pais com probleminhas cotidianos. Eles ficam preocupados e não têm como ajudar. Segunda: recorra a seus pais quando você realmente precisar. É com eles que a gente sempre conta em momentos difíceis. Pais de verdade se esforçam e têm enorme prazer em ajudar os filhos no limite de suas possibilidades. A terceira coisa que aprendi foi que você deve sempre enfrentar seus temores. Você não crescerá, se evitá-los."

Existe uma vantagem inegável em ter pais que querem envolver-se com a vida dos filhos. "Aos olhos dos pais, você nunca deixa de ser criança", assinala Bert, 24 anos, que mora em Kansas City. "Eles falam com você como se fosse uma criança, então para que ter medo de deixar de ser criança na frente deles? A vida inteira eles me apoiaram e descobri que o maior elogio que eu lhes posso fazer é pedir um conselho. Eu os consultei sobre todas as decisões importantes ligadas a estudo e trabalho, e eles sempre foram fontes de grande conhecimento. Nem sempre sigo seus conselhos, porque, afinal, quem quer dar ouvido aos pais? Mas, quando paro e engulo o orgulho, vejo que eles me ajudam muito mesmo. Além de tudo, a casa deles é um restaurante aberto 24 horas, com comida de boa qualidade e custo zero. E eles ainda cuidam da minha roupa quando a situação fica difícil."

Os jovens que não querem encerrar a infância não precisam dos pais para se sentirem crianças. Basta continuar comportando-se como elas. Matt, 29 anos, ficou chocado quando lhe fizemos a pergunta que dá nome a este capítulo: "Deixar de ser criança? Mas eu ainda me sinto criança!", ele berrou. Muitos jovens adultos esperam que isso nunca mude.

Três
E se eu fracassar?

A formatura é um marco zero, o ponto de largada de uma corrida em que cada recém-formado vai construir uma história particular. Não haverá duas trajetórias iguais. Uns chegarão longe, outros nem tanto (e mesmo assim terão a chance de ser felizes). Alguns alcançarão o sucesso muito rápido, outros demorarão bem mais. De todo modo, sempre é constrangedor descobrir que aquele seu colega de turma, bom de conversa mas fraquíssimo de conteúdo, está fazendo uma carreira mais veloz do que a sua. "Ele conseguiu; por que eu não?", eis a pergunta que todos se fazem um dia. Bill, que se diplomou pela Universidade do Estado da Pensilvânia, resume: "Fico cheio de dúvidas quando vejo gente que sei que é burra se dando melhor do que eu. Eu é que devia ser mais bem-sucedido."

Histórias de êxitos surpreendentes costumam estar vinculadas a talentos individuais, a uma exposição maior a riscos e a um ambiente em que esses fatores possam ser recompensados. Talvez aquele vizinho "devagar, quase parando", que se endividou comprando imóveis para alugá-los, tenha quitado os empréstimos com o dinheiro dos aluguéis e hoje seja um sólido proprietário de imóveis. Aquele colega simplório, que sonhava ser ator mas não tinha nenhuma pinta de galã, amargou anos no teatro amador até ser descoberto por um jovem diretor de cinema e explodir no grande papel de sua vida. A maioria dos jovens adultos conhece pessoas que se arriscaram muito e acabaram conseguindo exatamente o que queriam. Apesar desses exemplos, e às vezes também por causa deles, muitos não conseguem "ir atrás" do que querem, buscar seus sonhos, assumir riscos. Uma das razões desse bloqueio é que lhes falta força para superar a grande dúvida: "E se eu fracassar?"

Lições do fracasso

O cerne deste capítulo – para quem não está com vontade de continuar a leitura – é que os jovens não apenas fracassam como gostam de falar de seus fracassos, ainda que a idéia do insucesso continue a assustá-los. Tom, de Nova Jersey, diz que tem medo de falhar, como a maioria das pessoas. Mas ele já passou por isso e sobreviveu. Então, ele sabe que, se acontecer de novo, não será o fim do mundo. Se alguém lhe contasse, na época da formatura, o que estaria fazendo hoje, ele não acreditaria. Tom sempre foi bom aluno e saiu da faculdade cheio de confiança, selecionado para um processo de treinamento no programa de energia nuclear da Marinha americana. Lá, aprenderia a operar os reatores nucleares que movimentam submarinos militares. "O treinamento era pesado e eu sofri muito. Foi um grande choque quando, após quase um ano de treinamento, fui chamado ao camarote do comandante. Ele me informou que eu estava sendo transferido, para meu próprio bem e o bem do submarino. Fiquei arrasado. Esse homem estava, na verdade, me informando que eu não era capaz de fazer meu trabalho, o trabalho para o qual me preparara desde o meu primeiro dia na

Marinha. A palavra fracasso foi a única que me veio à cabeça", diz Tom. "Fui me arrastando até o meu beliche para pegar minhas coisas, completamente devastado, quando um colega, um de meus orientadores de bordo, me levou ao seu camarote e disse, com todas as letras: 'Você fracassou.' Em seguida, continuou: 'E daí? Essa deve ser a primeira vez na vida em que você não terminou uma coisa que se propôs a fazer, mas a verdadeira dimensão de você como pessoa, a verdadeira dimensão do sucesso ou do fracasso, será a forma como você vai lidar com isso e seguir com sua vida.'"

Tom ficou emocionado e pensou: "Deixa comigo." A Marinha o designou para uma base distante, onde ele passaria o resto do tempo que restava de suas obrigações militares até poder pedir baixa. Em vez de reclamar do fracasso que arruinou seus planos, o jovem aproveitou o episódio para renovar sua determinação: "Esse novo trabalho tornou-se minha última oportunidade de dar certo na Marinha. Em vez de me acomodar, agarrei todas as chances de permanecer e criei oportunidades onde não havia nenhuma. Mostrei ao pessoal daquela base o que eu era capaz de fazer, como já havia mostrado na faculdade. Essa temporada me deu uma visão bastante positiva da Marinha, em vez do ressentimento que eu poderia guardar", diz ele. "Continuo tendo medo de fracassar, mas, repetindo o velho chavão, isso fez de mim uma pessoa melhor. É claro que vou falhar novamente. Meus objetivos são ambiciosos e vai chegar uma hora em que não vou conseguir alcançá-los. Mas esse é o único jeito que conheço de fazer as coisas. Minha personalidade não foi moldada pela derrota, mas por minha capacidade de superá-la."

Quando fizemos as entrevistas deste livro, nossa idéia não era reunir histórias edificantes nem propagar lições de vida: por experiência própria, sabemos que os jovens adultos têm aversão à pieguice. Recitar um amontoado de chavões é uma grande chatice (e já basta a ladainha que ouvimos de nossos pais...). Só queríamos contar a vida como ela é. Ocorre que Tom não foi o único recém-formado a encarar o fracasso com otimismo.

O medo da derrota em algum aspecto da vida permeia as angústias de todos os recém-formados. Mas quem fracassa logo na primeira tentativa antecipa o ápice da crise dos 25 e tende a sair fortalecido dela. Depois de se formar, a nova-iorquina Nora, que é judia, decidiu morar em Israel. Queria trabalhar com artes e sonhava com um emprego num museu. "Estava muito otimista, achando que era capaz de fazer qualquer coisa", ela diz. "Mandei meu currículo para várias instituições e fiz contato com pessoas que poderiam ajudar. Finalmente fui chamada para uma entrevista. O cargo era de guia na antiga casa de um artista, transformada em museu. Essa era minha entrada no mundo das artes, minha grande oportunidade. Me lembro de como deu um frio na barriga quando fui conhecer a curadora. Durante a entrevista, me esforcei para convencê-la de que eu era a pessoa perfeita para o cargo. Mas percebi que meu parco conhecimento de hebraico era uma limitação. Ela pediu que me preparasse durante uma semana e voltasse para fazer um *tour* simulado, que serviria de teste. Sou extrovertida e não fico embaraçada em falar em público, mas a língua era meu ponto fraco.

Durante uma semana estudei profundamente a vida do artista e sua obra. Acabei preparando um *tour* cheio de idéias criativas, na esperança de que meu esforço, conhecimento e criatividade garantissem o emprego. Na véspera do teste apresentei o que tinha feito a um grupo de amigos. Meu hebraico era tão sofrível que eles sugeriram um adiamento do *tour* para eu poder decorar a apresentação, com a ajuda deles. Foi o que fiz. Quando chegou o dia, eu sabia o que devia dizer como a palma da minha mão, mas as palavras não eram minhas, e metade do que eu dizia não fazia parte do meu vocabulário. Me senti tão idiota que, no meio do teste, comecei a ter brancos e esquecia o que ia dizer. Em cada sala onde íamos, mais uma pessoa se juntava ao grupo e ficava me olhando com cara de pena. Óbvio que não consegui o emprego."

Nos dois meses seguintes, Nora ficou tão deprimida que chegou a pensar em sair de Israel e abandonar o sonho, enquanto se corroía de humilhação. "Um dia, uma amiga me disse uma grande verdade: se eu não me considerasse judia, ninguém consideraria. Aí, deu um clique dentro de mim. Jamais conseguiria me integrar se continuasse a ser uma estrangeira em Israel, que nem sequer fala direito o idioma local", diz ela. "Comecei a falar só em hebraico, e minha confiança foi aumentando com o tempo. Meses depois, consegui uma entrevista no Museu de Israel em Jerusalém. A mulher que me entrevistou, depois de falar comigo por dois minutos, disse que eu era perfeita para o cargo. Eu agora estou pensando em fazer um mestrado em História da Arte (em hebraico), trabalhando numa galeria em Jafa (onde só falo hebraico) e trabalhando também no Museu de Israel (onde uso hebraico e inglês). Eu consegui!" Nora "chegou lá", mas nem todos os recém-formados conseguem. Quantos não imaginaram um futuro reluzente em empresas da Internet e perderam o emprego e as ilusões quando essas empresas literalmente quebraram?

Em tempos de crise econômica e desemprego em alta, a sensação de fracasso às vezes aparece antes mesmo de o jovem ingressar no mercado de trabalho. É preciso determinação extra para superar esse momento crítico. Vanessa, de 23 anos, engenheira de produção formada em São Paulo, amargou um período duro depois da formatura, no final de 2002. Como resolveu passar três meses no exterior no último ano de faculdade, abriu mão do estágio na área de logística em que trabalhava havia dois anos. Quando voltou ao Brasil, recebeu o diploma, mas não conseguia emprego. Enfrentou a maratona de processos seletivos das empresas, que todos os anos selecionam *trainees*. Com a recessão e as incertezas de 2003, as vagas eram escassas, e a concorrência, cruel. "Tudo parecia ir bem nos processos seletivos, eu achava que ia ser convocada, mas ia acumulando decepções", ela diz, enquanto via colegas de faculdade, que não haviam abandonado seus estágios, receberem propostas para continuarem nas empresas, agora como contratados. Foi um período muito difícil, em que muitas certezas cristalizadas nos tempos de estudante fraquejaram.

Depois de seis meses parada, tomou uma decisão: se não aparecesse emprego em um mês, iria passar uma temporada no exterior. A poucas semanas do prazo fatal, o céu clareou. Finalmente foi chamada para trabalhar no departamento de logística de um fabricante de tintas. Gostou do trabalho, mas nem chegou a ter tempo de se entusiasmar. Logo foi chamada para a seleção de *trainees* de uma multinacional da área de fertilizantes. Resolveu arriscar. "Não tinha nada mesmo a perder", ela lembra. Quando chegou a entrevista, entendeu por que fora chamada. Um dos examinadores a havia entrevistado num outro processo seletivo, para uma empresa do mesmo grupo, em que ela fora reprovada. "Quando vi aquele homem, fiquei confusa. Pensei: se ele não me aprovou daquela vez, por que me chamou agora? Entendi tudo quando ele, em vez de me fazer perguntas, disse: 'Vanessa, não tenho nenhuma pergunta. Já sei tudo sobre você.' No fundo, ele estava dizendo que eu não era a pessoa indicada para o processo seletivo daquela primeira empresa, mas era perfeita para esse, por isso fui chamada", lembra. A proposta de emprego veio em seguida, com um desafio: ela teria de sair de São Paulo e ir morar sozinha em Campo Grande, capital do Mato Grosso do Sul. "Foi difícil sair de perto da minha família e do meu namorado. Quando chega a sexta-feira, eu fico meio deprimida, porque os finais de semana longe deles são estranhos e solitários. Mas era o emprego que eu sempre quis e não tive nenhuma dúvida em aceitar."

A aposta no sonho

"A hora é agora", eis o desafio dos jovens adultos. Eles sabem que chegou a hora de alcançar os sonhos e definir o futuro. Se deixarem para depois, haverá menos oportunidades. "Quando se deve desistir de sonhar? Agora, nem pensar! Estou só com 25 anos", diz Rick, que mora em Nova York. "Talvez, quando eu tiver filhos, eu abra mão de algum sonho ainda não realizado para não prejudicá-los. Mas não agora." É preciso concentrar-se no objetivo principal, enfrentar as dificuldades com otimismo e pensar que eventuais fracassos serão apenas uma contingência da aventura exploratória. "É claro que vou fracassar. Isso faz parte de um jogo em que estamos formando nossa personalidade e, às vezes, não sabemos direito o que fazer", diz Brandon, 24 anos, que vive em Los Angeles. "Meu sonho é ser roteirista de seriados de TV. Não tenho a menor idéia de quanto tempo vou levar para conseguir isso, mas só me sentirei feliz se sair em busca de um sonho, se tentar fazer alguma coisa que me estimule. Fracasso, para mim, é arrumar o emprego possível e depois ficar contando os dias para a aposentadoria."

Em busca do trabalho de seus sonhos, Brandon já mandou cartas e e-mails para as pessoas certas e fez diversos cursos. Continua tentando – e às vezes se pergunta quanto tempo vai demorar para "ser descoberto". "É difícil imaginar até que ponto deverei insistir. A idéia de desistir dos sonhos é dolorosa", ele diz. "Não se pode estabelecer um limite de tempo para esse tipo de coisa, acho que vai depender do meu estado de espírito.

O tempo muda as pessoas. Não existe, por exemplo, uma lei que obrigue uma pessoa a gostar do seu emprego depois de cinco anos como gostava no primeiro ano. Acho que o segredo é sempre estar em busca de alguma coisa arriscada e gratificante, mesmo na hora de rever planos e dar um novo rumo na vida."

Para Sandra, de 25 anos, a solução para a crise profissional que enfrentava – ela odiava seu emprego numa empresa de computação – veio como um relâmpago, uma revelação. "Foi como uma mensagem no céu. Eu estava resfriada e estressada e fui descansar em casa. Quando acordei, já revigorada, imaginei o que faria na vida se fosse financeiramente independente e pudesse trabalhar apenas por prazer. E concluí: eu decoraria casas, que é a minha grande paixão. Foi aí que me dei conta de que a decoração de interiores é uma carreira. Decidi dar um salto. Estou apostando nesse sonho e não vou desistir dele."

Mas o medo de fracassar anda sempre à espreita. "E se não der certo?", pergunta ela. "Moro sozinha e tenho minhas contas para pagar. Meu receio é que não consiga ganhar o bastante para me manter. Em decoração, você só ganha dinheiro quando abre o próprio negócio, e vai demorar um pouco até que eu possa fazer isso." Em comum com a maioria dos jovens, Sandra não tem uma situação sólida na vida afetiva, tampouco pôde acumular patrimônio – bastiões a que se recorre quando as coisas dão errado na carreira. Mas, se ela não tentar, vai cobrar-se pelo resto da vida. Por isso, Sandra decidiu assumir os riscos.

Missão cancelada

Uma forma de evitar o fracasso é estar pronto a mudar de rumo em plena caminhada. Isso não significa abrir mão dos sonhos, mas apenas perceber que, à medida que as pessoas amadurecem, seus projetos de vida se modificam. Nem sempre isso é ruim. Como diz Tracy, que se formou pela Universidade de Princeton: "Quando vou desistir de meus sonhos? Espero que nunca, mas acho que eles mudam à medida que eu mudo." Mark, nova-iorquino de 29 anos, resolveu alterar a rota de sua vida, em vez de aceitar a derrota de seu projeto original. Como sempre se saiu muito bem em várias coisas, descobriu na faculdade que era um ator talentoso o bastante para tentar a vida nessa profissão. Depois que se formou, fez uma longa viagem com um amigo para esfriar a cabeça e depois trabalhou como ator de teatro em Nova York.

Nos quatro anos seguintes, o esforçado Mark conheceu artistas, dançarinos e músicos que o incentivaram a prosseguir. Cantou numa banda durante alguns meses, trabalhou em algumas companhias teatrais e atuou em várias produções do circuito paralelo à Broadway. Mas não teve sucesso. "Quando me formei, eu estava fissurado em ter sucesso, em mostrar o que eu sou capaz de fazer", admite. "Mas eu não tinha um plano estratégico. Aos 22 anos de idade, era muito ansioso e não compreendia como o mundo funcionava. As pessoas dessa idade são arrogantes, metidas e acham que podem tudo. Eu me sentia assim, mas depois de alguns anos em Nova York compreendi que é dureza ganhar a vida trabalhando em teatro. Se eu tivesse ido para Los Angeles logo depois da faculdade, aposto que teria sido escalado para uma novela na TV ou alguma coisa assim. Não que isso fosse melhor, mas teria sido mais produtivo para minha carreira. Pena que não percebi isso na época." Mark acabou indo para Los Angeles, mas já perdera o encanto pelo "negócio sujo que é representar". Como ele já tinha vindo de tão longe, não queria considerar os últimos quatro anos um desperdício, por isso freqüentou aulas de redação de roteiros cinematográficos e de produção de filmes na Universidade da Califórnia.

Escreveu três argumentos para o cinema. Ele hoje diz que seu sonho é dirigir atores. Geralmente, os sonhos naufragam porque o jovem adulto não era talhado para a missão que se propôs a realizar (como aconteceu com Tom, na Marinha) ou ainda não tinha a experiência necessária (como aconteceu com Nora, em Israel). Em meio ao turbilhão emocional criado pelo fracasso, eles procuram uma resposta: de quem foi a culpa?

Penny, de Nova York, vive um dilema: não quer abrir mão de seus sonhos, mas se sentiu compelida a adiá-los. "Não vou nunca desistir dos meus sonhos. Parece clichê de dramalhão mexicano, mas é verdade. Minha alma não está à venda", diz. "Mas sou humana e, depois de largar um emprego chato por causa de meu sonho, me dei conta de que ele tinha coisas importantes, como o dinheiro, de que sentia falta. De repente, me vi envolvida nessa coisa que chamam de mundo real. Acho que essa expressão foi criada por pessoas de meia-idade, que reprimiram seus sonhos por medo de fracassar. Descobri que não estou imune a essa armadilha."

Penny reclama da força impiedosa com que o mundo real tritura as paixões dos jovens, mas admite que ela própria pôs alguns sonhos de lado com medo de falhar. Ela saiu do emprego e planejou mudar de cidade para se dedicar a uma carreira como terapeuta alternativa. Mas voltou atrás e acabou aceitando um emprego diferente, com boa remuneração, na mesma cidade que queria abandonar. "Tenho me perguntado como isso aconteceu. Fico surpresa ao perceber que meu subconsciente sabota meus atos, pelo temor do desconhecido e de suas incertezas. A desculpa que dou para mim mesma é que estou acrescentando experiências diferentes ao meu currículo. Espero que eu não ceda, mas preciso aprender a viver numa sociedade capitalista". diz ela. "Alguma coisa me deteve. Gostaria de saber se é intuição ou medo. Provavelmente os dois. Por isso vou ler sobre o que me apaixona, economizar e fazer com que meu sonho se torne realidade com o tempo."

Que ninguém se iluda: quase sempre é o dinheiro que leva os jovens a adiar sonhos ou fazer adaptações de emergência em projetos estratégicos. A independência financeira é uma meta universal – tanto para os que contam com retaguarda familiar quanto para os que vão ser despejados do apartamento se perderem o emprego. Kim, 25 anos, tentou durante três anos manter-se como professora de pré-escola, seu grande sonho. "Tenho paixão por lecionar para crianças. Para mim, é a melhor profissão do mundo, a mais gratificante do ponto de vista emocional e a mais estimulante intelectualmente. Mas eu ganhava menos do que um vendedor de loja. Isso é um saco! Passei a infância e a adolescência dizendo que dinheiro não é o mais importante desde que eu ame meu trabalho, me respeite e esteja feliz. Mas descobri, quando me vi forçada a pagar minhas contas (muitas vezes com atraso) e comprar minha comida, que ser feliz com o salário de professora era inviável. Abandonei a escola para ganhar mais como babá!"

Kim foi trabalhar com uma família que acabara de adotar duas crianças e ambas enfrentavam problemas emocionais. Ela "deitou e rolou". Sentiu que estava usando habilidades e conhecimentos que havia aperfeiçoado como professora. "Elas são crianças inteligentes, vibrantes, maravilhosas, cheias de energia, desafiadoras. São características que gosto nas pessoas, especialmente as com menos de um metro e meio", ela diz. "Mesmo sendo desgastante, foi uma experiência e tanto", diz Kim.

O plano B

Muitos jovens apostam suas fichas em vários projetos, para o caso de algum deles dar errado. Um plano B é essencial porque, como diz Natasha: "Quando se alcança um sonho, a sensação seguinte pode ser a desorientação: com que vou sonhar agora? Também pode acontecer de o sonho não corresponder ao que você esperava. A vida arruma um jeito de mostrar caminhos capazes de fazer a pessoa feliz, por isso é melhor aprender a se adaptar. O momento em que se desiste de um sonho é triste, mas é preciso ter um plano B, mais realista."

Quando Natasha conquistou seu diploma de música, queria ser cantora lírica. Mas, como ela mesma admite, "não era um projeto realista, embora pudesse acontecer. Eu não abandonei o sonho, mas precisava pagar meu aluguel". Ela começou a fazer alguns trabalhos para se sustentar. Estagiou na assessoria de imprensa de um centro de exibições artísticas e trabalhou em meio expediente numa editora durante dois anos. Depois fez serviços administrativos para uma empresa vinícola. Só agüentou cinco meses: "Eu tinha necessidade de ser criativa e me demiti. Acabei contratada por uma empresa de tecnologia, onde estou trabalhando com programas de Internet e aperfeiçoando minhas aptidões gráficas. Estou fazendo uma coisa que me agrada mais, mas me sinto limitada pelo mundinho corporativo. Pelo menos estou ganhando dinheiro. Poucas pessoas no mundo têm um emprego que amam e eu certamente não sou uma delas. Mesmo assim, estou feliz. Meu emprego talvez seja um passo a mais para me ajudar a compreender o que talvez venha a ser um novo sonho, mesmo que eu ainda não saiba exatamente o que ele é."

Tara concorda que um plano de contingência ajuda os jovens adultos a seguir adiante. Ela curvou-se às evidências de que não estava qualificada para ser uma dançarina, como pretendia. Voltou para a universidade e está concluindo um curso de pós-graduação em Saúde Pública. Em breve se arriscará no mercado de trabalho, em sua nova escolha. "Agora que estou saindo do mundo acadêmico, não vou depender apenas de meu talento, beleza e sexo (risos), e estou apavorada. Repito para mim mesma que sei o que é preciso fazer. Conheço meus pontos fortes e fracos. Mesmo assim continuo apavorada", afirma.

Em busca de um plano B, alguns jovens adultos ficam tão desanimados com as opções que acabam encontrando motivação para insistir no plano A. Isso aconteceu com Emily, de 22 anos, cujo sonho é ser roteirista de cinema. "Desde que me formei, muita gente me pergunta qual é minha profissão. Ganho a vida trabalhando como professora particular, apesar de achar que isso é só temporário, enquanto minha carreira como escritora não engrena. Devo dizer às pessoas que sou roteirista? Ou que pretendo ser? Ou que sou, mas estou desempregada? Ou digo que sou professora? Costumo hesitar, morder o lábio e responder baixinho: 'Estou tentando escrever. Isso leva tempo e é difícil de conseguir, mas vamos ver...' Freqüentemente me pergunto: e se eu falhar? Que vou fazer da vida? Nem sei direito que outras profissões existem. A idéia de não ser roteirista é estranha. Sempre quis fazer isso e não tenho noção do que representaria um fracasso."

Emily tentou procurar alternativas para se garantir. Conseguiu encontrar opções vagamente aceitáveis, mas elas só serviram para reforçar a decisão de investir no plano original. "Quero escrever e quero que alguém me pague para fazer isso. Quero ver meus personagens e meus argumentos na tela; quero que as pessoas se divirtam com eles, que os discutam, que os amem ou odeiem. Quero isso tanto que, quando imagino essa vida, me sinto em paz e compreendo que não existe outro caminho. Eu poderia dizer que não posso falhar porque não sei fazer outra coisa, mas a verdade é que não posso falhar simplesmente porque não vou desistir. Eu posso chegar aos 40 anos e ainda estar tentando, mas não vou desistir. Posso apelar aos planos B, C, D, E e F, mas serão apenas planos que me ajudarão a sobreviver até atingir o plano A."

Driblando o fracasso

Os métodos para driblar o fracasso variam de pessoa para pessoa, mas algumas perspectivas são partilhadas por muitos recém-formados. Como diz Emily, se você jamais desistir, nunca precisará reconhecer que fracassou. "Nunca desista de seus sonhos", aconselha Robin, de 23 anos. "A vida é muito curta para desperdiçá-la trabalhando num emprego que não tem nada a ver com você. É possível que o caminho seja complicado, mas o resultado final será aquilo pelo qual você lutou. Gostaria de, na velhice, poder dizer: 'Eu não trabalhava, eu me divertia fazendo coisas de que gostava e ainda era pago por isso.' Assim, terei aproveitado a vida ao máximo."

Outra dica é dar um passo de cada vez e não se estressar à toa. Taylor, 26 anos, que vive na Flórida, diz que ninguém entende como ele conseguiu trabalhar numa grande empresa de Internet. "É simples: recebi uma oferta de emprego e fiz o que me pediam. Eu não considero isso uma carreira, é só um emprego. Nem cheguei a pensar em fracassar ou coisa assim; achei melhor viver a vida dia a dia", ele afirma. "Não acredito em divertimento adiado; acredito em me divertir agora, e é assim que levo a vida, emprego, tudo. Não é nada muito misterioso, é até bem simples. As pessoas é que complicam a vida. Não faz sentido você se preocupar com alguma coisa que ainda não aconteceu. Em vez disso concentre-se no que está acontecendo agora. Nada é permanente, nada dura para sempre. Eu aprendi isso. Então, se você está se divertindo, aproveite. Não me preocupo muito com isso, porque sou alegre e danço conforme a música. Estou onde queria estar e calculo que vá ser sempre assim."

Derrick, 29 anos, também acredita que o segredo para vencer o medo do fracasso é não se preocupar com o "e se...?". "Sim, você vai fracassar e acabar sem um centavo na sarjeta, esfarrapado e na companhia de um vira-lata faminto. Agora, falando sério: talvez você fracasse; tomara que não. Não há como saber uma coisa dessas. Mas as chances de fracasso aumentam se você pensar demais na possibilidade de fracassar. É uma profecia que se auto-realiza. Se os seus neurônios estiverem imobilizados pelo medo do fracasso, não estarão se dedicando aos desafios do momento, o que aumenta a chance de que as coisas dêem errado. Por isso, não se preocupe em fracassar. Se tiver de ser, será. E nunca desista de seus sonhos. Como saber se um sonho vale a pena? Você deve se fazer duas perguntas. A primeira é: existe outra coisa além disso que eu desejaria fazer? Isso é importante. Você pode sonhar em ser um piloto de Fórmula 1, mas também teria prazer em ser dentista. É provável que chegue a hora em que você considere mesmo ser a segunda hipótese: não ter outra opção facilita a tomada de decisões. A segunda coisa que você deve se perguntar é: será que eu dou para a coisa? Digamos que você morre de vontade de ser uma top model, mas você não é bonita e seu manequim é, digamos, fora dos padrões (não precisa se humilhar e perguntar para os outros. Você saberá disso, sobretudo se tiver dificuldades em encontrar roupas que lhe caiam bem). Você deve parar e compreender que suas chances de ser uma Gisele Bündchen são ínfimas. Outro exemplo mais realista: você quer escrever romances. Você escreve bem? Seus professores e amigos sempre lhe disseram que você leva jeito? Se a resposta for positiva, você talvez tenha uma chance, mas, se sempre teve nota vermelha nas redações, é melhor pensar de novo antes de se aventurar. Quanto mais difícil for o sonho, mais importante é ter talentos especiais para alcançá-lo." Os craques do futebol que o digam.

Quatro
Que significam todas essas dúvidas?

A depressão é o efeito mais sombrio da crise dos 25. Uma infinidade de dúvidas surge simultaneamente (que rumo tomar, o medo do fracasso, a falta de experiência) e fica difícil manter o equilíbrio. O mundo é novo, assustador, implacável. Os recém-formados têm a sensação de que a faculdade não os preparou para quase nada e questionam sua capacidade de enfrentar os novos desafios. Como raramente dividem suas dúvidas, por considerá-las muito pessoais, não sabem que as pessoas da mesma idade estão vivendo a mesma transição. Acabam concluindo que seus problemas – tristeza, melancolia, pânico, raiva, apatia – são anormais. E duvidam ainda mais de si mesmos. "Achava que havia alguma coisa errada comigo", admite Kelly, de 27 anos. "Meus colegas estavam tão entusiasmados que pareciam prontos para virar adultos instantaneamente. Eles saíam, se divertiam, ganhavam dinheiro, alugavam apartamentos e conheciam gente nova, como se dali para a frente fosse tudo uma moleza. Enquanto isso, eu estava apavorada. Chorava muito, achando que eu era a única pessoa com bloqueios. Eu queria muito ter conversado com meus amigos sobre isso. Gostaria de ter sabido que boa parte daquela atitude de 'não ligo pra nada' era apenas fachada e que eles também estavam amedrontados."

As dúvidas não saíam da cabeça de Kelly e se multiplicavam à medida que ela tentava assumir suas novas responsabilidades. Tentava não pensar nas inquietações, mas logo achava algum outro ponto de sua vida para questionar, e o processo todo recomeçava. "Era um círculo vicioso que sufocava meus pensamentos. Não havia espaço na minha cabeça para outras idéias. Vivia fazendo perguntas: 'Que é que eu vou fazer da vida? Será que vou ser feliz no emprego ou ele será apenas um jeito de ganhar a vida? Ser adulto é sempre monótono assim? Como é que vou escolher o parceiro certo para me casar, se não consigo ter certeza nem sobre mim mesma? Será que vou me sentir desanimada para o resto da vida?' Havia montanhas de dúvidas que eu não conseguia responder. Vivia com dor de cabeça. Deixei de procurar meus amigos e fiquei amarga até com meu namorado, que se esforçava para ajudar. Finalmente, mais ou menos uns oito meses depois de formada, eu pirei", diz ela. Certo dia, no escritório, Kelly percebeu que já estava contando as horas para ir embora – e eram apenas dez da manhã. Ela entrou em pânico. "Eu me senti totalmente desamparada: não conseguia respirar, meu coração disparou e me senti esmagada por uma nuvem de tristeza. Larguei tudo e fui direto à minha médica, que me mandou fazer exames. Quando disse que eu estava deprimida, pensei: 'Não pode ser comigo. Nunca fui assim.' Aí é que me dei conta de que essa transição me transformou em uma pessoa triste e anti-social, que nem eu mesma suportava. E me senti mais sozinha do que nunca."

Kelly tomou antidepressivos durante alguns meses. Isso amenizou a melancolia e liberou sua mente para pensar em outras coisas. "A depressão é difícil e esquisita e faz você se perguntar quem realmente é. Os antidepressivos acabaram com as dores de cabeça e me libertaram da sensação de pânico que me assolava sempre que pensava no futuro. Mas eu não sabia dizer se estava satisfeita com alguma coisa ou se era apenas reação aos remédios. Embora eles me dessem um certo alívio, não curavam nada. Apesar dos comprimidos diários, eu continuava apavorada com a idéia de me tornar adulta tão depressa. Chega a ser engraçado como me livrei daquela nuvem densa que parecia não ter fim. Lá estava eu, sofrendo todo dia, histérica de preocupação diante de uma travessia para a qual não me sentia preparada, agindo como uma reclusa, duvidando de mim e de tudo, quando a única coisa que eu precisava saber – que me libertou e voltei a ser eu mesma – foi que eu não estava sozinha. E que era absolutamente normal passar por esse período de indefinição."

A experiência de Kelly era corriqueira, mas ela não sabia. Kelly nunca tinha ouvido ninguém falar das dificuldades da transição para a vida adulta e achava que o problema era só com ela. Outros jovens adultos contam que o conflito emocional os varreu de forma igualmente intensa. "Tive problemas terríveis de auto-estima", revela Kim, 25 anos. "Criei um personagem para exibir em público e empurrei meu ego tão para dentro de mim que nem me dei conta de que estava representando. Embora eu fosse inteligente, engraçada, extrovertida e querida, me desprezava com uma força que até hoje me perturba."

Como o leitor já notou, este capítulo não tem um astral muito alto. Dezenas de jovens adultos nos contaram histórias de sofrimento e narraram suas crises de depressão e de pânico. Eles foram corajosamente francos a respeito de assuntos personalíssimos. Sentiram-se felizes em partilhar tais experiências, na esperança de ajudar outros jovens adultos a superar o momento difícil. Muitos repetiram que o sofrimento teria sido menor se soubessem que não estavam sozinhos na travessia.

Dúvidas e perguntas

A escalada de dúvidas pode ser, ao mesmo tempo, causa e sintoma da depressão que atinge os recém-formados. É natural se questionar, mas os jovens adultos, ao se desdobrarem em diversos desafios simultaneamente, têm dúvidas a respeito de tudo, e todas ao mesmo tempo, como conta Jason, formado pela Universidade de Chicago. "Vou usar uma metáfora: a aurora, para mim, foi o período mais escuro do dia. As dúvidas vieram aos montes: como conseguir um novo emprego, arrumar um apartamento e ainda encontrar a parceira certa, se tenho apenas vinte e poucos anos e nunca fiz isso antes? Eu tinha todas essas dúvidas, agravadas pelo fato de eu ser professor, uma carreira pouco valorizada em termos de dinheiro e prestígio", diz ele. "As dúvidas derrubam. A mudança de vida após a formatura é muito radical. Quando você está na faculdade, tem um ponto de apoio que serve de alicerce para sua vida. Depois que recebe o diploma, é hora de criar seu alicerce particular. Você precisa compor novos círculos sociais, construir seu lugar e não existe nenhum manual que ensine a fazer isso. Você não sabe o que fazer. É fácil cair em depressão."

Amy, de 26 anos, nascida na Filadélfia, está acostumada a mergulhar em períodos de intenso questionamento. Ela atribui essas febres reflexivas à busca de um equilíbrio entre o que ela quer e o que, realmente, poderá conseguir. "Saí da universidade faz quatro anos", ela diz. "Trabalho desde que me formei e acumulo dúvidas sobre meus interesses profissionais desde o segundo ano de faculdade. O problema é que quero o melhor dos mundos. Quero apostar nos meus sonhos e fantasias. Ao mesmo tempo, quero a estabilidade financeira proporcionada por um emprego convencional, como o que tenho agora, numa consultoria. Este é um período estranho na vida de qualquer pessoa. É difícil sentir-se realizado. Você acabou de se formar, está no primeiro ou segundo emprego, à procura de satisfação pessoal e profissional – foi para isso que você investiu tanto tempo na sua formação. Quando avalio a chatice que foi o meu dia de trabalho, sempre penso: é isso que eu quero para o resto da minha vida? Esta é uma pergunta que me atormenta todo santo dia. Às vezes enxergo minha crise de identidade como um pesadelo, no qual estou caminhando rumo ao altar, vejo o homem com quem vou me casar e penso: 'Deus do céu! É com essa pessoa que vou passar o resto da vida?'"

"Alguns jovens adultos tentam fingir que o problema não existe, o que só dificulta as coisas quando chega a hora de enfrentá-lo", diz Amy. "A gente finge que está tudo bem, que toda mudança será benéfica, que basta arrumar outro emprego para resolver todos os seus medos, pois tudo partirá da estaca zero. Na maioria das vezes esse discurso é só uma desculpa para evitar a realidade. Mesmo que pegue outra trilha, acabará voltando ao destino inevitável: que droga estou fazendo com minha vida? Aí chega a fase em que você fica realmente de saco cheio. Você sabe que está ficando mais velha, pára e pensa: 'Droga! Por que estou fazendo isso? Por que não escalei o Monte Everest, não entrei para o Cruz Vermelha ou defendi a Mata Atlântica? Por que não fiz pós-graduação em Filosofia? Por que não fiz nada que realmente tenha importância, como ajudar a salvar crianças morrendo de fome na África, ou descobrir a cura para a AIDS? Aos 25 anos, pode ser a última oportunidade para eu fazer alguma coisa completamente diferente, excitante e fora dos padrões, em vez de seguir um caminho convencional. Estou presa a um emprego no qual converso com clientes que já sabem o que querem, mas querem que eu segure a mão deles, os console e os convença a pagar à minha empresa um dinheirão para que eu diga o que eles já sabem. Somos pessoas extremamente desiludidas, com medo de fazer mudanças, assumir riscos. É possível jogar fora segurança financeira e bons empregos para fazer alguma coisa criativa, interessante, inspiradora? E se eu abandonar tudo e fizer a escolha errada? Vou conseguir voltar ao mesmo nível de sucesso financeiro dos meus amigos que não se aventuraram?"

O choque da realidade

Não é preciso ter muitas dúvidas para desencadear a depressão num jovem adulto. Para as emoções fugirem do controle, basta que um aspecto da vida vá mal, apresente dificuldades inesperadas e golpeie a auto-estima a ponto de produzir uma grande dúvida. Um dos estopins mais comuns é o trabalho: da busca por um emprego às dificuldades de iniciar uma carreira. Joanna, que fez mestrado na Universidade de Bucknell, entrou em depressão ao deparar-se com um ambiente de trabalho hostil e competitivo. "A faculdade me preparou do ponto de vista técnico, mas não do emocional", diz ela. "Um terapeuta me ajudou a compreender que o mundo real funciona assim mesmo, não há o que fazer. O ambiente do escritório era árido, eu não sentia que estivesse aprendendo nada ali. Também havia uma porção de gente que não se importava com meu bem-estar nem com minha felicidade. Estavam interessados em se dar melhor do que eu. Meu mundo social, nos moldes que conheci nos tempos de estudante, havia desabado."

O abismo entre o ambiente acolhedor da faculdade e a frieza do escritório deixava Joanna infeliz. Ela se perguntava se era assim que a vida de adulto tinha que ser. "Minha rotina se dividia em dois períodos marcados por estados de espírito peculiares. Tinha a fase de trabalho, que eu odiava a partir do instante em que abria os olhos de manhã e ia para o escritório, e que só começava a melhorar mais ou menos uma hora antes de eu voltar para casa. Também tinha a fase 'pós-trabalho', em que eu gastava o tempo com qualquer atividade, até mesmo as diversões menos estimulantes, para não pensar que teria de trabalhar de novo no dia seguinte", diz ela. "Odiar o trabalho impregnou toda a minha vida e estragava até a folga dos finais de semana. Quando me lembro da minha vida quando comecei a trabalhar, vejo que passei muito tempo diante da TV. Sempre fui uma leitora ávida, mas, naquele período, ver televisão era melhor porque eu podia me desligar um pouco e fugir da realidade. Comecei a achar os livros depressivos. Eu saía às noites porque precisava espairecer, não porque quisesse me divertir. Aos domingos vinha aquela sensação de agouro – amanhã é segunda-feira! – que me tirava o prazer do dia. Eu me lembro de ficar pensando: 'Hoje é domingo, preciso me divertir.' Era uma coisa imperativa, não uma coisa boa."

Depois de algum tempo, Joanna ficou tão mal, que começou a tomar antidepressivos. "Eu faltava no trabalho devido a problemas relacionados a estresse: dores de estômago, vômitos, enxaquecas. O pior era saber que ninguém do escritório se interessava em mexer com a fonte de meus problemas. Às vezes exigiam que eu saísse depois da hora, sem ganhar nada por isso. Tentei falar com meu chefe sobre como o trabalho poderia ser modificado em benefício de todos, como poderia ser mais eficiente e menos monótono. Ele pareceu solidário e concordou em discutir as idéias com o chefe dele. Uma semana depois, me avisaram que meu contrato de um ano não seria renovado e que eu teria de procurar outro emprego." Ela continua: "Compreendi que toda a rede de proteção que a faculdade te oferece não tem equivalentes na vida real. Quando tentei discutir meus problemas, assim como as mazelas do meu emprego, acabei me sabotando.

Fiquei desempregada e sofri muito. A sensação de rejeição e humilhação por ser demitida sempre é ruim, mas doeu muito mais por ser meu primeiro emprego. Na minha cabeça, foi uma derrota gigantesca: num ano me formei com louvores e no ano seguinte virei uma 'fracassada demitida'."

Quando os jovens compreendem que seus feitos na faculdade não garantirão sucesso no mundo do trabalho, freqüentemente se perguntam se valeu a pena estudar tanto. Celia, 29 anos, se graduou em Letras e estava tão desesperada em arranjar emprego – qualquer um – que acabou aceitando trabalhos que sequer exigiam diploma universitário. Enquanto a maioria de seus colegas fazia pós-graduação, Celia estava resolvida a encontrar uma forma de ganhar a vida trabalhando na área que estudou. Em vão. Preencheu formulários de emprego em diversas empresas, mas todas exigiam experiência que ela não tinha. "Ninguém me queria", ela conta. "Eu me senti encurralada, desapontada, apavorada. Continuar morando com meus pais me desanimou ainda mais. Eles me pressionavam para conseguir um trabalho, mesmo que não tivesse nada a ver com minha área. Minha mãe dizia coisas assim: 'Às vezes, para sobreviver, precisamos fazer coisas que não queremos. Trabalho é trabalho, diversão é diversão.' Nosso relacionamento começou a azedar e fiquei cada vez mais confusa sobre o que queria fazer."

Desempregada, Celia se sentiu pressionada a aceitar um trabalho oferecido por um amigo da família, que era gerente de uma cadeia de mercearias. Como gerente-assistente na área de panificação, ela usava o uniforme da loja e um boné. Cozinhava frangos, assava pães, fritava alimentos e fatiava carne. "Era muito constrangedor, mas eu me sentia obrigada a ir adiante por causa de meus pais e porque precisava do dinheiro. Meu namorado estava ainda na faculdade. Ele não me apoiou em nada. Eu tinha muita vergonha do meu emprego, depois de haver me formado com gente que estava trabalhando em grandes empresas ou fazendo pós-graduação. Eu mentia, não dizia a ninguém que meu cargo de gerente me obrigava a limpar o chão, servir refrigerante e trabalhar como caixa. Era deprimente demais, mas eu sofria em silêncio. Comecei a evitar amigas e festas. Evitava meus pais também. Ficava no trabalho, depois ia encontrar-me com meu namorado e ficava por lá até que meus pais dormissem. Eu não sabia por onde andava meu velho 'eu', a moça que conquistava o que queria e era respeitada pelos colegas. Virei uma figura patética. Acabei saindo da mercearia e arrumei emprego numa companhia aérea. Ao menos era um trabalho mais charmoso. 'Legal!' Minha família ficaria feliz, meus amigos achariam o máximo e eu estaria fazendo alguma coisa menos humilhante. O 'legal' logo se transformou em 'o que é isso?', que virou 'assim não dá'. Cheguei ao fundo do poço."

Certo dia, uma orientadora dos tempos da faculdade viu Celia atrás do balcão da empresa aérea e disse que ela parecia muito triste, "toda paramentada com os acessórios da companhia". A frase calou fundo, e o encontro abriu uma oportunidade. Dali a uma semana, Celia aceitou um emprego de redação técnica com amigos da ex-orientadora, no qual utilizava plenamente seus conhecimentos e sua capacidade de escrever. "Eu esperava que o caminho até a conquista de um emprego razoável fosse ser mais simples", ela admite. "Vivia na ilusão do que eu era e do que realizei na faculdade. Achava que seria reconhecida por minhas aptidões e conseguiria me colocar num emprego logo. Foi doloroso ver que aquelas conquistas não representavam nada no mundo real."

Phil, de Massachusetts, tinha expectativas semelhantes. Imaginava que seria fácil ser reconhecido por seu trabalho; afinal, confiava em seu taco. Descobriu que era mais produtivo ter certas habilidades políticas do que ser competente no escritório onde foi trabalhar. "Fiquei muito desanimado. Eu via uma pessoa que sabia menos do que eu e fazia um trabalho de qualidade inferior progredir mais. Essa pessoa era o meu chefe", ele diz. "O cara era um babaca. Eu dava um duro danado, cumpria bem as tarefas e ele recebia os elogios. Eu era muito ingênuo e quando compreendi o jogo já era tarde. Fiquei muito deprimido e me tornei agressivo, sarcástico, amargo. Eu era grosseiro até com as pessoas bem-intencionadas. Eu me transformei num grande 'mala'."

Não existe ambiente de trabalho livre de injunções políticas, mas certos empregos são especialmente danosos à auto-estima dos jovens. "Como ator, tive muitos maus momentos. Eu sempre duvidei do meu valor e das minhas qualidades e me perguntava se eu estava fazendo a coisa certa", reconhece o nova-iorquino Mark. "Sofri muito quando fui tentar a vida em Los Angeles. A cidade é um moedor de carne, onde os atores não são respeitados. As pessoas dizem: 'Ah, então você é ator? Trabalha em que restaurante?' Sentia saudade da família, dos amigos e da minha cidade. Quando cheguei aos 25 anos e já não estava naquele redemoinho pós-faculdade, tive tempo para refletir. Eu me dei conta de que tinha necessidades: estabilidade, um lar, comida boa, namorada... Também percebi que poderia continuar sendo um 'ator esforçado' por mais 20 anos e talvez nunca tivesse oportunidade de fazer sucesso."

É terrível esperar pela grande oportunidade, sem saber quando – e se – ela chegará para redimir anos de trabalho duro e anônimo. "Mas ficar esperando, em vez de agir, só faz com que o tombo seja mais doloroso", afirma Lynn, formada no Arizona. "Depois de fazer minha pós-graduação, resolvi viajar pela Europa durante dois meses. Mas comecei a arrumar desculpas para adiar minha volta e acabei ficando lá seis meses. Não havia deixado nada aqui que me incentivasse a voltar. Minhas coisas dos tempos de faculdade estavam guardadas em caixotes na garagem dos meus pais. Eu não tinha namorado e meus amigos tinham ficado para trás. Era tudo muito estranho. Eu realmente não tinha razão para voltar. Por isso, fiquei na Europa."

Quando ela finalmente voltou, foi morar com os pais enquanto começava a procura por um trabalho. Lynn completa: "Foi um choque cultural. Precisava definir o que queria fazer, mas não tinha nenhuma experiência e os trabalhos que me interessavam estavam acima da minha capacidade. "Na prática, eu continuava em férias prolongadas e me recusava a entender que precisava tomar uma atitude. Eu dormia e assistia à TV o dia inteiro. Dizia às pessoas que estava mandando currículos e me candidatando a empregos, mas minha vontade de trabalhar era nenhuma. Eu fazia cada vez menos e estava cada vez menos motivada. Um dia eu estava sentada de roupão às quatro da tarde assistindo a um desses programas de auditório na TV, enquanto olhava para os anúncios de emprego. Foi quando me deu um clique: 'Meu Deus, o que está acontecendo comigo? Estou na casa dos meus pais, de roupão e chinelo. Preciso acordar e me encarar no espelho.'"

Onde estão meus amigos?

Outro fator de depressão é a mudança drástica na vida social depois da formatura. Ed, um californiano de 26 anos, lembra que sentiu um grande vazio ao ser catapultado do ambiente acolhedor em que esteve integrado por quatro anos. "Fiquei deprimido. Estava habituado a um nível de calor humano que de repente desapareceu. Como mudei de cidade, não conhecia ninguém além de meus colegas de trabalho. Vivi duas longas fases de dúvidas. A vontade era de jogar tudo para o alto. Isso foi agravado por minha timidez com as garotas. Na minha experiência na universidade, o melhor jeito de me aproximar delas era por meio de amigos, mas, depois que me formei, não conheci muita gente que pudesse ajudar. Me sentia muito só. Fiquei deprimido com minha dificuldade de conhecer mulheres interessantes."

Samantha, 25 anos, também teve problemas em se adaptar. Na faculdade fez algumas amizades, mas estava tão mergulhada nos estudos que não chegou a estabelecer vínculos muito fortes. Isso mudou depois da formatura. "O período dos 20 aos 25 anos foi difícil. Minhas idéias sobre relacionamentos, especialmente amizades, mudaram à medida que fui aprendendo mais sobre mim mesma e sobre o que quero das pessoas. "Depois da formatura, não havia nenhum objetivo na minha vida. Eu não sabia o tipo de carreira que queria seguir. Achava que devia continuar na faculdade. Ainda não me sentia adulta, era mais nova do que meus colegas de trabalho. Fui viver numa república e encontrei consolo nas garotas da minha idade com quem morava. Ficamos muito unidas e formamos uma espécie de família, à qual eu apelava quando me sentia insegura e amedrontada. Passávamos cada vez mais tempo juntas. Sair todas as noites e planejar passeios e viagens juntas se tornaram uma constante. Sabíamos tudo umas das outras."

Pouco a pouco, isso virou um problema. "Tínhamos tanta intimidade que começamos a nos agredir e nos magoar. De repente, senti falta de privacidade. Fiquei tão mal que, pela primeira vez, comecei a considerar a terapia como solução", admite ela. "Era difícil discutir problemas com minhas colegas porque elas eram parte do problema. A terapia foi uma oportunidade de falar o que eu sentia, sem meias palavras. Não sei por quanto tempo vou continuar com a terapia, mas ela tem me ajudado a expressar sentimentos, entender minhas reações e encarar minha necessidade de mudar."

Quando o mundo desaba

Quando muitas coisas acontecem ao mesmo tempo, os jovens adultos são tomados pela sensação de que o mundo está desabando. Às vezes, a percepção é falsa – e basta manter a cabeça fria e seguir em frente. Mas, se ficam desesperados, o mundo desaba mesmo. Colin, de 23 anos, entrou em depressão quando foi engolido por uma onda de mudanças e contingências que não conseguia controlar. Aspirante a músico e compositor, Colin começou a ter dificuldades logo que se formou: "É muito fácil ser artista quando se está na faculdade. Mas quando você sai e precisa comprovar seu talento, a coisa pega. Morei com uma tia em Boston logo depois que me formei. Não tinha pressa em realizar meus sonhos, mas aí comecei a namorar uma garota de Nova York e me mudei pra lá. Tentava compor, mas muitas coisas me aconteceram ao mesmo tempo e eu não conseguia dar conta de tudo", diz Colin. "A gota d'água foi o fim do nosso relacionamento. Isso aconteceu não porque ela fosse mais velha (tinha 26 e eu, 23), mas porque ela estava tendo os mesmos problemas, tentando se definir. Resultado: lá estava eu, procurando onde morar sozinho e trabalhar em Nova York, com problemas financeiros. Ficou insuportável. Meus pais eram meu apoio. Quando conversávamos por telefone, eles me diziam: 'Filho, já passei por isso, todo mundo já passou por isso, faz parte da vida, do crescimento. Um dia você vai se lembrar disso como um período positivo, porque aprendeu muita coisa.' Eu telefonava, chorava e me lamentava. Estava com uma enorme dor-de-cotovelo. Minha vida durante dois anos foi com aquela garota, eu me mudei para Nova York por causa dela, e de repente tudo acabou. Estava numa cidade enorme, sem conhecer ninguém. Eu me sentava no chão da cozinha do apartamento que arrumei, que não tinha móveis, só um telefone. Estava muito sozinho. Achei até que não sabia tocar direito, que tinha alguma coisa errada comigo, o que não era verdade."

Depois de dois meses, Colin concluiu que não era capaz de enfrentar a depressão sozinho. "Liguei para o meu pai e despejei todos os meus problemas. Eu estava infeliz, num baixo astral interminável. Meu pai me disse: 'Sabe de uma coisa? Você precisa vir para casa e se fortalecer.' Ele foi me buscar", diz. "A instabilidade é dureza, se você não está preparado. É muito mais fácil sonhar na faculdade. Quando se sai de lá surgem outras prioridades e você fica confuso. Perdi a energia de que precisava para realizar meus sonhos. Fiquei paralisado, porque é um tal de 'faça isso, faça aquilo, pague as contas, alugue um apartamento, vá trabalhar, tua namorada te deu o fora, você está numa cidade onde não tem nenhum apoio'. Eu já não conseguia lembrar o que queria fazer. Fiquei mal. Agora, consigo enxergar que foi apenas uma fase."

Maura, de Baltimore, já tentou resolver suas dúvidas comparando-se a outras pessoas, mas, quando faz isso, sente-se ainda pior. "Há momentos em que acho que estou por baixo, que todo mundo está dando certo e eu não, que sou um grande fracasso. Vou visitar um casal de amigos, vejo o sofá lindo da casa deles, uma sala de estar que parece saída de um *showroom* de decoração, e logo penso que vou passar o resto da vida sozinha no meu apartamentinho desbotado. Às vezes eu entro em parafuso."

Maura acha que os jovens fazem autocríticas muito severas porque não têm parâmetros seguros onde se agarrar para avaliar seu potencial. "A faculdade é como uma âncora, e depois da formatura é hora de levantá-la e partir, mesmo ficando um pouco à deriva no começo", diz. "Na faculdade você tem uma porção de sonhos, acha que vai se casar e ter filhos, mas quando se forma percebe de modo mais realista como será sua vida. Esse choque pode acabar em depressão. Você aprende que é duro chegar lá. Ter condições para casar e ter filhos não é a coisa mais fácil do mundo." O período mais difícil para Maura foi quando ela se mudou sozinha para Nova York, num esforço para dar início à carreira. Além de cuidar dos desafios profissionais, também teve de se dedicar a montar uma nova rede de relações sociais, pois não conhecia ninguém. "Foi dificílima essa mudança. Demorei um ano e meio para fazer amigos. É difícil adaptar-se a Nova York. A maioria das pessoas tem muitos compromissos sociais e sempre está muito ocupada. Enquanto isso, eu passava a noite assistindo a vídeos alugados. Achei que fosse fazer muitos amigos – seria ridículo pensar que não faria –, mas depois de alguns meses eu perguntava: onde estão eles?"

À medida que os anos passam e a formatura vai ficando para trás, os jovens sentem-se angustiados se a vida que planejaram ter não acontece de fato. Ashley tem apenas 25 anos, mas acha que está se esgotando o tempo para definir um rumo na vida. "Estou mais perdida agora do que quando me formei. Sinto que não há mais tempo e que preciso tomar aquelas decisões fundamentais que terão conseqüência nas próximas décadas. Ao mesmo tempo, tenho medo de avançar muito num caminho e não poder voltar. Fico pensando: será que vou me casar um dia? Meus pais se casaram quando tinham a minha idade e hoje são felizes. Ou então: se eu for fazer mestrado em Administração de Empresas, não posso esperar muito. Eu não estou satisfeita com o lugar onde moro porque sou mais velha do que as pessoas com quem divido apartamento. Também não estou satisfeita com meu trabalho. Fui para esse novo emprego porque achei que seria animado, mas é uma decepção total. Olho para meus superiores no escritório e eles também andam aos trancos e barrancos. Parece que todo mundo está meio perdido."

Levantar âncora

A idéia de que a formatura é a hora de levantar âncora e partir é compartilhada por muitos jovens. Assim que se formou, Justin, de 24 anos, morador de Boston, sentiu a estabilidade da faculdade sumir sob seus pés. "Eu vivia uma coisa parecida com a depressão pós-parto porque a faculdade era a minha vida. Praticamente todos os meus amigos eram de lá. Muitos deles estavam na mesma situação que eu: não sabiam o que fazer, não queriam ir direto cursar pós-graduação e estavam aceitando qualquer emprego", ele diz. "Me senti um derrotado, porque freqüentei uma ótima escola e fui ganhar muito pouco no primeiro emprego que apareceu. Me sentia culpado por estar desperdiçando o investimento dos meus pais aceitando um trabalho daqueles. Achava que minha vida estava à deriva. Ainda agora me sinto um pouco assim. Sinto muita falta da faculdade. Quando eu passo pelo prédio, fico pensando que daria tudo para ficar mais um ano lá. Seria mais fácil se eu me mudasse para outra cidade e não precisasse passar por ali. Na faculdade, eu me sentia seguro para tomar minhas decisões."

Para complicar as coisas, além de todas as outras ansiedades dos jovens adultos, Justin há pouco tempo assumiu publicamente que é gay. Ele diz que ainda precisa aprender a se sentir à vontade com sua sexualidade nos novos ambientes que freqüenta. "Eu só 'saí do armário' no último ano de curso. Demorou até eu estar pronto para admitir. Mas, na faculdade, à medida que eu contava para as pessoas, me sentia fortalecido. O campus é liberal e eu sabia que não seria discriminado. É mais difícil lidar com isso no mundo real. Na minha infância e adolescência, não conhecia nenhum gay. Começar num novo emprego e não estar mais naquele ambiente tolerante era assustador. Eu não sabia qual seria a reação. Continua a ser difícil. Não tenho muitos amigos gays e fico nervoso perto dos homossexuais, perco minha espontaneidade perto deles. O mundo gay gira em torno de gente vaidosa e essa não é a minha praia. Fui a uns dois clubes GLS e não gostei: é como se fosse um açougue, onde as pessoas escolhem carne fresca. Ainda é complicado voltar à minha cidade natal, que é muito rural, preconceituosa e homofóbica. Para piorar, meu melhor amigo de lá é gay, e eu já não sei o que fazer com as fofocas sobre nós."

Como Justin, Courtney, de 25 anos, continuou a morar na cidade em que se formou. Achava que viver perto da faculdade facilitaria a transição, mas descobriu que isso tornava as coisas mais confusas. "Os quatro anos de faculdade foram ótimos. Depois que me formei, a cidade e o ambiente continuavam os mesmos, mas minha vida toda mudou. Parecia um lugar diferente. Era desanimador ver que muitos dos meus amigos estavam indo embora. Eu tinha uma vida nova à minha frente para desbravar e dispersei esforços porque não rompia com o passado."

Para Courtney, a parte mais complicada da transição foi compreender que as diretrizes dos tempos da faculdade não tinham valor no mundo real. "Na faculdade, era tudo mais fácil. As normas eram conhecidas e bastava você se dedicar e não cometer erros. Era um jogo e, se você soubesse jogar, se daria bem. Mas eu não estava preparada para essa coisa de carreira e trabalho, isso era muito distante para mim. Não sabia como agir. Até tentei parar de beber Coca-Cola, porque achei que parecia coisa de adolescente, e conversei com minha mãe sobre o que eu deveria beber em almoços de negócios, agora que sou adulta. Como não sabia quase nada, foi difícil quando comecei a trabalhar. Não tinha nenhuma amiga em quem me apoiar e tive de passar por tudo sozinha. Eu pensava: é isso que quero fazer pelo resto da vida? A resposta era sempre não. Quando as pessoas se formam, elas são pressionadas a pensar sobre o resto de suas vidas e ninguém está preparado para isso, ninguém tem respostas seguras. Passa um ano da formatura e você está deprimida porque não conseguiu alcançar os objetivos a que se propôs."

Expectativas exageradas

Um fator importante da crise dos 25 é que a vida se revela menos interessante do que eles esperavam. E a culpa não é só da faculdade, que não preparou os estudantes para o que viria em seguida. Na infância e na adolescência, eles ouviram promessas sensacionais: podiam escolher a profissão que quisessem, uma carreira que fosse pura diversão. Na sua imaginação, o futuro era um lugar reluzente e repleto de recompensas. Mas o futuro chega e os jovens adultos percebem que a vida é dura e muitos sonhos são inalcançáveis.

Durante toda a vida, Julie, formada pela Universidade de Maryland, quis ser juíza, mas pouco antes de se formar ela se deu conta de que já não desejava mais a carreira. "Fui uma adolescente confiante e ambiciosa. Sempre soube o que queria e consegui tudo o que quis. Aí saí da faculdade e não tive mais certeza de nada. Quase imediatamente descobri que tudo que eu pensava em fazer estava errado, como se minha vida fosse uma piada", ela diz. "Tentei compensar minha infelicidade e comecei a comprar feito doida, gastando dinheiro que eu nem tinha. Eu me sentia horrível e me perguntava: A quem estou enganando? Eu precisava de definições, mas não sabia por onde começar."

George também imaginava que as coisas entrariam nos eixos naturalmente depois que se formasse. "Acontece que as coisas só pioraram. Eu tinha certeza de que conseguiria um emprego rapidamente e daria um jeito na minha vida. Mas não foi bem assim", ele diz. "Voltei a morar com meus pais. Eu me sentia triste e sozinho. Meus amigos do colégio tinham ido embora e os da faculdade haviam se dispersado. Eu estava muito 'velho' para viver como meus irmãos mais novos, para me sujeitar à autoridade de meus pais. Mas, evidentemente, era imaturo para conseguir um emprego, um apartamento e endireitar a vida. As bases de meu amor-próprio desmoronaram. Depois de um ano, estava à beira de um ataque de nervos."

Não é raro que a auto-estima dos jovens adultos estremeça diante de expectativas que não se cumprem. Greg, de Washington, tinha planos ambiciosos, mas aceitou um emprego insosso porque teve de enfrentar uma realidade inesperada. Ele esperava ir direto da faculdade para um mestrado, mas não conseguiu ser admitido no curso que procurava. Sem saber o que fazer, pediu para ser efetivado no emprego temporário que arrumara nas férias em sua cidade natal. "Foi um negócio muito corrido. Não tinha preparado meu currículo e o emprego das férias acabou virando uma saída. Comi o pão que o diabo amassou. Ganhava pouco e tive problemas financeiros. Eu às vezes passava de carro pela faculdade, só porque sentia falta do ambiente. Depois de uns dois anos, senti que não tinha mais nada que fazer lá", diz. "Fiquei muito desapontado. Quando me formei, tinha tantas coisas que eu desejava fazer! Mas todas foram deixadas de lado por problemas financeiros que eram prioritários, como pagar aluguel, quitar dívidas. Gostaria de ter passado um mês na Europa depois de me formar, mas nem isso pude fazer. E acabei me casando antes de realizar meus projetos."

Dúvidas sobre o rumo a tomar, inadaptação ao trabalho, a sensação de desespero por tudo acontecer ao mesmo tempo, a nostalgia dos tempos de faculdade, as expectativas exageradas – todos esses fatores contribuem para a percepção de desamparo que atinge muitos recém-formados. Vários de nossos entrevistados falaram de um período em que se sentiram perdidos, desesperançados, confusos.

"Saí da faculdade sem nenhum plano concreto", reconhece Sandra, 25 anos, do Alabama. "Quando percebi que iria voltar para a cidade em que cresci, a idéia me deprimiu. Fiquei tão nervosa que não conseguia parar de chorar." Jon teve uma sensação idêntica quando saiu da faculdade: "Eu não tinha a menor idéia do que fazer e caí de cara em uns dois empregos que não levavam a lugar nenhum, mas que aceitei para ganhar dinheiro. Me sentia como um cego em tiroteio, acreditando que talvez aparecesse alguma luz, alguma coisa melhor. Só não fiquei pior porque os amigos que se formaram comigo estavam na mesma situação. Nós nos reuníamos em casa e reclamávamos de nossos empregos. A gente vivia de porre."

O recurso da terapia

A idéia de buscar ajuda para enfrentar a depressão nem sempre ocorre aos jovens adultos. De um lado, o tratamento é caro. O custo de freqüentar um divã é proibitivo, sobretudo quando a principal preocupação do paciente é arrumar dinheiro para pagar o aluguel. De outro, muitos deles têm preconceito em relação à idéia. Como estão tentando afirmar-se como adultos, têm uma dificuldade natural em admitir que precisam de ajuda para superar a fase de desequilíbrio. Mas alguns dos nossos entrevistados recorreram a psicoterapeutas durante o período de indefinição e tiveram boas experiências. "Fiz terapia durante o primeiro ano depois da faculdade e isso foi importante para superar meus problemas de identidade pessoal e depressão", afirma Denise, formada pela Universidade de Yale. "A terapia mostrou que minhas inquietações estão relacionadas a assuntos que estou tentando evitar, com velhos sonhos que não são mais meus, com objetivos que substituí por outros. Hoje, sei que as dúvidas surgem dentro de mim e não fora."

Todd procurou terapia precisamente para enfrentar a transição pós-faculdade. "Estava estressado com as coisas que *não* estavam acontecendo na minha vida e percebi que precisava de ajuda. Não tinha amigos para compartilhar meus dilemas. Estava muito carente e, quando percebi, não estava mais gostando nem da minha própria companhia. Me perguntava por que outras pessoas teriam prazer em estar comigo, se nem eu gostava de mim. A depressão também apresentou outros sintomas, como insônia e falta de apetite. Decidi procurar ajuda. Criei coragem e liguei para um telefone de apoio emocional da empresa em que trabalho. Fiquei surpreso ao encontrar do outro lado da linha uma pessoa atenciosa, que me encaminhou a um terapeuta. Fiquei preocupado que me receitassem remédios, mas novamente me surpreendi. Em vez disso, discutíamos formas de relaxar e controlar minha ansiedade. Demorou, mas acabei me redescobrindo. Gosto de quem eu sou e voltei a ter prazer com minha companhia. Quando cheguei a esse ponto, os amigos surgiram naturalmente."

A terapia pode ser útil para as pessoas de maneiras diferentes. Carly conseguiu vencer a depressão porque o terapeuta a ajudou a analisar sua vida por uma nova perspectiva. Ela só lamenta ter esperado três anos até procurar ajuda. "Eu ficava sentada no meu carro, presa no trânsito de Los Angeles, e fantasiava sobre todas as grandes coisas que eu ia fazer. Nada daquilo era real. Aí, eu voltava à minha vidinha e me sentia ainda mais deprimida. Cheguei ao ponto de quase não sair de casa. Meu terapeuta me ajudou. Discutíamos minhas fantasias. Finalmente comecei a fazer as coisas em vez de fantasiar: se você quer ficar em forma, acorde de manhã e vá caminhar. Em vez de sonhar com o que eu queria fazer dali a dez anos, ele me ensinou a dizer: o que estou fazendo agora? Estou neste carro, atrás de outro carro, numa rodovia. Aqui é o presente."

Emily, 22 anos, também de Los Angeles, não acreditava que uma terapia pudesse ajudá-la. "Eu achava que era um rito de passagem. Eu já ficava muito tempo pensando obsessivamente em mim. O que um analista poderia dizer que eu já não tivesse dito? Além do mais, sou inteligente e intuitiva e achei que eu acabaria analisando o analista, provando que ele não sabe me analisar. Entrei firme no consultório, com sobrancelhas levantadas e grandes certezas sobre o que acontecera de errado na minha vida – problemas dos tempos do ensino médio e na perda da minha virgindade. Despejei minhas teorias e disse ao terapeuta que gostaria de parar o tratamento *imediatamente*. Imaginei que ele fosse me dizer alguma coisa genial, que valesse o que estava pagando e esclarecesse os assuntos na minha cabeça. Ele não me disse nada; só me fez perguntas. À medida que eu falava, também comecei a escutar o que eu estava dizendo. Depois de algumas sessões, estava disposta a admitir coisas desagradáveis e a discutir assuntos que sempre quis evitar. Terapia é difícil, terrivelmente difícil. Tive 12 sessões e não cheguei a resolver nada, mas fiz grandes progressos. Assim que eu possa pagar, vou voltar à terapia." Emily diz que a terapia ofereceu uma visão objetiva de sua vida, que ela não vislumbrara sozinha. "O terapeuta me ajudou a identificar de onde elas vinham e começar a combatê-las."

Victoria, nova-iorquina de 25 anos, lembra da forma negativa como a família e os amigos reagiram quando ela contou que fazia terapia. "Eu vivia um profundo estresse mental. Não conseguia tomar decisões lógicas, estava emocionalmente perturbada. A terapia me ajudou a concentrar meus pensamentos e tomar as melhores decisões. Isso requer muita determinação, mas, se você está disposta a atacar suas fraquezas, rende grandes resultados. Sim, você pode contar seus problemas para um amigo ou alguém da família. Mas, se você quer uma análise objetiva, nada substitui a ajuda profissional", afirma. "Existe um estigma ligado à terapia. Muitas pessoas consideram um sinal de fraqueza e algumas amigas reagiram mal quando contei que estava indo a um terapeuta. Posso sinceramente dizer que funciona – e até recomendei a amigos. Não estou fazendo terapia agora, mas, se eu voltar a precisar, vou recorrer a ela."

O estigma ligado à terapia e aos antidepressivos leva muitos jovens a sequer cogitar esse tipo de ajuda. Ryan, 28 anos, conta que seu bem-estar emocional foi se deteriorando aos poucos, por causa de decepções no emprego e por continuar morando na casa dos pais. "Eu tinha cada vez menos vontade de sair, não queria levantar da cama para trabalhar e me irritava com coisas triviais, irrelevantes. Não me reconhecia. Sempre fui um cara normal e extrovertido", diz. " Meu pai trabalhava todo dia e gostava de trabalhar – ele é meu ídolo –, por isso pensei que eu devia ir ao trabalho nem que fosse me arrastando. Isso não deu certo. Quase perdi o emprego, porque diziam que eu não me esforçava como devia. Finalmente fui procurar um psicanalista, um sujeito legal que nunca me pediu para falar de minha mãe. Ainda bem, porque só esse tema daria um livro inteiro. Me prescreveu antidepressivos. Isso me incomodou um pouco. Não conhecia ninguém que tivesse tomado antidepressivos, exceto umas garotas piradas do colégio. Mas os remédios funcionaram. Fui acordando e recobrei meu equilíbrio. Fui franco com meus amigos sobre o que estava acontecendo, mas eles demoraram a entender. Todos os meus seis melhores amigos me procuraram, um após outro, pedindo sigilo total e perguntando sobre os antidepressivos. Hoje somos um grupo que toma Prozac. Cada um de nós precisou de três meses, tomando a dosagem mínima, para voltar ao normal. E cada um conseguiu dar um novo rumo na vida. Eu saí do emprego, comecei a trabalhar como autônomo, estou num caminho muito legal da carreira e nunca mais deixei que a depressão me derrubasse."

Com as próprias forças

Claro que muitos jovens adultos conseguem superar esse período difícil sem remédios nem terapia. Mas eles nos disseram que o sucesso depende de algumas variáveis. Se as coisas vão bem em muitos aspectos da vida, como a vida amorosa, a rede de amizades ou uma retaguarda financeira, fica mais fácil enfrentar o que não vai bem, como os dilemas profissionais. Outro fator importante é a atitude. Os que enfrentam o carrossel emocional com otimismo têm mais facilidade em manter ou recuperar o equilíbrio. Os jovens adultos com as atitudes mais positivas são inevitavelmente os que acreditam que suas dúvidas são normais.

Brandon nos disse que uma atitude sempre positiva ajudou-o a enfrentar os medos e as incertezas de recém-formado. "Os jovens", ele diz, "não podem deixar que as dúvidas os imobilizem. Se eles não sabem resolvê-las agora, devem deixá-las de lado temporariamente e cuidar de outros aspectos da vida. "Duvidar significa que somos humanos. Todos temos dúvidas e não acho que a terapia seja necessariamente a resposta correta. Certas coisas dão certo, outras dão errado. A vida é assim. Não há cursos nem livros didáticos que ensinem o caminho do sucesso depois da faculdade. Não há mais um cronograma de quatro anos que determine quem são seus amigos, a área em que você deve se especializar, seu caminho de carreira."

Brandon continua: "Tenha medo, mas mergulhe mesmo assim. Se a água estiver fria, paciência. Se você agiu de acordo com sua vontade e consciência, imagine que tomou a decisão certa. Não fique se remoendo se alguma coisa deu errado, nem tente imaginar o que seria sua vida se você tivesse tomado outra decisão. Isso não leva a lugar nenhum. As dúvidas surgem porque temos menos controle do que tínhamos no passado. O problema é ficarmos paralisados quando temos a oportunidade de agir.

Cinco

Como sei se estou tomando a decisão certa?

É dura a vida dos recém-formados. Muitos passam meses se remoendo até definir um caminho na vida e na carreira. Alguns têm alergia a tomar decisões e, inconscientemente, empurram o problema com a barriga. De um lado, os jovens adultos pensam que essas escolhas são cruciais para definir o rumo de suas vidas e tentam avaliar exaustivamente todos os aspectos envolvidos. De outro, não se julgam experientes e maduros para tomar decisões importantes. "Se nunca fiz isso antes, como é que vou saber se estou agindo certo?", indagam-se.

Mas há uma outra dúvida que atordoa: como se planeja o futuro se já não existem certezas duradouras? Tome-se como exemplo o mercado de trabalho. Antigamente era bem mais simples. No Brasil, bastava fazer um bom concurso público que o cidadão de classe média definia seu destino até a aposentadoria. Essa opção ainda existe, mas os salários não valem muito a pena. A dificuldade é que as coisas mudam com tanta rapidez que não há nenhuma garantia de que uma profissão prestigiada hoje continue a existir daqui a 20 anos. Também há um lado positivo nesse fenômeno: as opções se diversificam tanto que as pessoas podem mudar de rumo ao longo da carreira, aproveitar as opções emergentes e enfrentar mais desafios.

"Nossa geração, mais do que as anteriores, está escaldada com essa conversa de tomar decisões a longo prazo", diz Steve, de 22 anos. "As pessoas nos dizem: não pense em dinheiro, busque satisfação no emprego e seja feliz. Mas quem garante que o emprego que procuro hoje vai me satisfazer daqui a 20 anos? Talvez eu devesse apenas pensar, sim, no dinheiro e comprar satisfação nas minhas horas de lazer. Essa coisa de tomar a decisão certa é muito relativa. Pode ser que, aos 40 anos, eu esteja detestando meu trabalho e minha vida, surpreso com a rapidez com que o tempo passou, louco para mudar de rumo."

Pais e avós costumam afirmar que os jovens de hoje têm sorte, que dispõem de oportunidades e facilidades inimagináveis na época deles. A vida, sem dúvida, tornou-se mais complexa e plena de opções. Tanto que alguns jovens têm dificuldade em escolher um caminho entre tantas possibilidades. Olivia, de 22 anos, da Carolina do Norte, queixa-se de que há coisas demais na sua cabeça: onde trabalhar, onde morar, se deve continuar estudando ou não. "Algumas pessoas ficam ansiosas depois da formatura porque não identificam o que gostariam de fazer. Comigo é o oposto: estou ansiosa porque existem muitas coisas que eu gostaria de fazer e não consigo escolher uma só", ela diz. "Talvez algumas dessas opções não sejam para mim, não estejam ao meu alcance. Mesmo assim, eu me preocupo em ficar aberta. Tenho medo de ficar prisioneira do emprego que eu escolher agora, logo depois da formatura, ou de me estabelecer numa cidade e nunca mais sair dali. Às vezes penso em fazer pós-graduação e adiar todas as decisões. Mas e se daqui a alguns anos, quando concluir meu doutorado, eu não arrumar trabalho? Não consigo decidir."

O dilema da mudança

No momento de construir a vida e a carreira depois da faculdade, muitos jovens avaliam se não é o caso de mudar de cidade, de aproveitar oportunidades disponíveis em outros lugares. A decisão é importante não apenas porque abre caminhos, mas também porque ensina os jovens a viver por sua conta e risco. O arquiteto Tiago, de 26 anos, nascido no Rio Grande do Sul e radicado há 16 anos em Alagoas, decidiu se mudar. Ele acaba de se formar e planeja fazer pós-graduação em Design em Salvador, a capital baiana, junto com a namorada, Jane, de 26 anos, que também está concluindo o curso em Turismo e quer fazer um mestrado em Administração. Com a mudança, os dois vão morar juntos – hoje, Jane ainda vive com seus pais. A mudança atende a um objetivo acadêmico e a uma contingência profissional. O casal, de fato, quer fazer as especializações e em Maceió isso não é possível. Mas a mudança também é uma forma de adiar o duro encontro com o mercado de trabalho, num momento em que faltam empregos no Brasil. "Aqui, o mercado não tem mais para onde crescer. Em Salvador há mais chances", explica Tiago. O arquiteto adora Maceió, mas não tem medo de mudanças. Está acostumado com elas e aprendeu que sempre é possível reconstruir sua rede de relações sociais num lugar novo. Já se mudou uma vez, quando deixou Porto Alegre.

Há quatro anos, sua vida deu outra guinada, embora não tenha mudado de cidade. Seus pais resolveram voltar para o Rio Grande do Sul e ele teve de morar sozinho em Maceió. "A companhia de Jane foi fundamental. Não teria agüentado ficar sozinho. A gente se apoiou muito", afirma. Jane, por sua vez, já morou quatro anos fora, nos Estados Unidos. Os dois vão se arriscar numa cidade que eles pouco conhecem e, é claro, têm medo de que alguma coisa dê errado. Se isso acontecer, cogitam se mudar de novo. "Se até os 30 anos de idade a gente não se firmar nas nossas profissões, podemos muito bem jogar tudo para o alto e ir arriscar a vida lavando pratos nos Estados Unidos, onde a Jane tem amigos", sugere Tiago. "Mas acho que tudo vai dar certo aqui no Brasil mesmo."

É preciso coragem e determinação para mudar e também para ser bem-sucedido no novo ambiente. Mudar significa começar do zero – e isso assusta. Mas quase todos os jovens adultos que fizeram essa opção não se arrependeram, mesmo tendo passado por grandes apertos. Jen conta que amadureceu muito ao mudar-se de cidade depois de se formar. "Tudo estava contra mim: eu não tinha dinheiro para me mudar, não sabia onde nem com quem morar. E meu pai era contra. Mas, apesar dos obstáculos, fui em frente. Se me arrependo? Nem pensar. Foi difícil? Evidente que sim. Mas ir morar sozinha em outra cidade é uma experiência incrível de amadurecimento. Eu fiquei mais independente e descobri que posso resolver as coisas por minha conta. Agüentei muita solidão. Mas enfrentar os problemas por minha conta, longe das pessoas que amo, me fortaleceu e me transformou numa pessoa mais sensata, me ensinou coisas sobre mim, meus limites e meus objetivos."

Marnel, 28 anos, trocou Honolulu, no Havaí, por uma cidade na Costa Leste dos Estados Unidos. Sentiu um choque cultural, mas não quer voltar. "O Havaí é mais devagar. Aqui, tudo é agitado, até as pessoas andam mais depressa. Lá em Honolulu você passa o dia surfando, enquanto aqui você vai ao cinema, ao museu ou a uma livraria. A vida noturna aqui é muito mais variada e interessante. Tenho saudades do Havaí, mas não há tantas oportunidades para jovens como eu."

Mudar significa afastar-se de tudo que é familiar: a cidade natal, a família, os amigos de infância. Em 2001, a designer Luciana, de 24 anos, deixou Santa Maria, no Rio Grande do Sul, onde se graduou em Desenho Industrial, para trabalhar em São Paulo. Estranhou muito a metrópole, mas não tem nenhuma dúvida de que fez a coisa certa. "Em São Paulo há mercado de trabalho, e em Santa Maria, não. Não tinha mais o que fazer lá", ela explica. Chegou em São Paulo com a mala de roupas, um portfólio e alguns números de telefone para procurar emprego. Acompanhada do namorado, Vágner, foi morar numa pensão. Os dois saíram à procura de trabalho, mandando e-mails e batendo na porta de empresas. Um mês e meio depois estavam empregados e alugaram um apartamento na capital paulista dividindo despesas com outros dois amigos de Santa Maria. Chegaram ao apartamento apenas com os pertences pessoais e foram interpelados pelo síndico, que estranhou a ausência do caminhão de mudanças. "Ficamos muito tristes. O síndico mandou um bilhete dizendo que o prédio era de respeito." Luciana teve de aprender a cuidar do dinheiro, pagar as contas, manter a casa limpa. "Eu era muito princesinha e fiquei meio atordoada com tantas coisas novas para fazer, mas é legal quando você percebe que é capaz de resolvê-las."

Ressentiu-se, é claro, da ausência dos pais e avós. "Sentia muita falta do colo da minha mãe. Ainda choro muito no dia do meu aniversário", ela diz. Conversa com os pais todos os dias, através de um programa de mensagens instantâneas da Internet – o ICQ –, e sempre que pode volta a Santa Maria. Viveu apertos profissionais. Decidiu deixar um emprego depois de pedir um pequeno aumento de R$ 100,00 e ouvir um não como resposta. Depois foi trabalhar numa revista, que fechou as portas. Hoje trabalha numa editora de livros.

A decisão de mudar foi igualmente difícil para Vágner, também formado em Desenho Industrial. Filho caçula, vivia em Santa Maria com os pais, que são sexagenários e têm problemas de saúde. Aos poucos foi se tornando responsável pelos pais –

cuidava das contas da casa, fazia compras, providenciava consertos, até avisava a hora de tomar remédios. A idéia de mudar o inquietava, mas os pais facilitaram as coisas. Houve uma reunião de família dois meses antes da partida. Os pais anunciaram que, a partir dali, assumiriam as responsabilidades acumuladas pelo filho. "Eles nunca tinham tido um celular. Dei o meu para eles, caso precisassem de ajuda. Foi emocionante vê-los, aos poucos, reconquistando autonomia", diz Vágner.

"Desde que me formei, há três anos, passei por um período de introspecção", admite Claudia, de Nova York. Depois da formatura, ela encontrou emprego numa grande cidade perto da universidade que freqüentou. O lugar fervia com jovens profissionais e uma vida noturna agitada, e os amigos de Claudia moravam pertinho. Ela esperava ser feliz. "Em vez disso, fiquei confusa. Levei um ano para compreender que meu emprego não me realizava e eu não conseguia estar com meus amigos como pretendia. Demorou ainda mais para eu reunir coragem e dar uma guinada na vida. Foi uma das decisões mais difíceis que tomei, mas resolvi voltar a morar na minha cidade natal, onde vivem meus pais. Muitos amigos achavam que eu estava maluca por me demitir do emprego e voltar para lá. Resolvi me mudar quando entendi que a vida é curta, que trabalho é apenas trabalho e que os relacionamentos com a família e os amigos devem ser cultivados com carinho. Eu quis voltar para minha cidade para passar mais tempo com meus pais, que se sacrificaram muito para melhorar minha vida."

Claudia também decidiu retomar os estudos. Ela sempre quis fazer mestrado em Administração. Depois dos exames de admissão passou algum tempo viajando e em seguida encontrou um trabalho. Alugou um apartamento eqüidistante do escritório e da família. Como é que ela sabe que tomou a decisão certa? "Compreendi como eu era forte quando me mudei para perto dos meus pais sem ter sequer uma promessa de emprego. Eu ficava me dizendo que era preciso manter a fé, estabelecer objetivos e manter a cabeça aberta. Assim, eu chegaria onde queria", conta Claudia. "Embora eu morra de saudade dos amigos, do meu primeiro emprego e da faculdade, sei que tomei a decisão certa. Essa faixa dos vinte e poucos anos é um momento de explorar a vida e experimentar. Aprendi que só você pode saber a época certa de dar uma guinada na vida, seja trocando de emprego, terminando um relacionamento ou mudando para outra cidade. A vida é muito curta para ser desperdiçada com lamentações do tipo 'Ah, se eu tivesse feito isso ou aquilo...'. A única forma de saber quem você é realmente é por meio das aventuras da vida e das pessoas que conhece. Se você sufoca suas paixões, desperdiça experiências maravilhosas. Sua vida é o que você faz dela. Suas experiências ensinam quem é você de verdade."

Depois que tomam uma decisão importante, como mudar de cidade, os jovens adultos têm mais facilidade em escolher seus caminhos. Tornam-se confiantes. Entendem que são capazes de fazer as coisas por conta própria. A sueca Carin, 25 anos, viveu na Suécia até se formar. Seis meses depois de receber o diploma chegou à conclusão de que os pais a estavam deixando louca e decidiu fazer a mudança transatlântica para um país que não conhecia. Queria coisas novas. Nos Estados Unidos, foi trabalhar numa casa, em troca de cama e comida e a chance de estudar Marketing. "Tive muitas dúvidas. Não sabia se a decisão de morar com uma família desconhecida quase como uma empregada doméstica era a mais acertada. A família queria saber onde eu estava o tempo todo, e eu tinha hora de chegar porque usava o carro deles. Meus pais achavam que eu não ia conseguir porque eu era muito mimada. Mas eu mudei: tomei conta de quatro crianças em outro país e em outra língua. Quando voltei para casa e reencontrei meus velhos amigos na Suécia, eles continuavam no mesmo patamar de quando fui embora. Eu resolvi então retornar aos Estados Unidos e me estabelecer. À medida que se cresce, fica mais fácil tomar decisões, mas claro que era um alívio saber que poderia voltar para casa se não desse certo nos Estados Unidos. Conheci meu noivo e dentro de alguns meses nós vamos morar na Suécia, mas ele – que é americano – acha que eu vou querer voltar para os Estados Unidos. Pode ser. Já fiz isso antes."

Encontrei minha alma gêmea?

A decisão de Carin de morar na Suécia com o noivo é certamente uma das resoluções mais difíceis que os jovens adultos enfrentam, especialmente os que seguem a teoria de que devem conhecer até os 30 anos a pessoa com quem vão se casar. Nada é mais angustiante do que avaliar se o parceiro escolhido é mesmo a alma gêmea. Wayne, que mora na Flórida, acha que muitas vezes os jovens adultos forçam a barra, embora conheçam o namorado ou a namorada há pouco tempo, para decidir logo esse assunto e não precisar se preocupar mais com isso. "Não adianta ser apressado. Às vezes, queremos tanto que dê certo que não damos o tempo necessário para avaliar o relacionamento", ele afirma.

Olivia, 22 anos, tenta determinar o quanto deve investir no seu namorado inglês. Se é para continuarem juntos, pensa Olivia, faria sentido ceder em relação a alguns de seus projetos para passar mais tempo com o rapaz. Mas, se a relação não for para valer, por que ela deveria desperdiçar seu tempo? "Essa é minha dúvida mais estressante. No ano que vem, meu namorado vai se mudar para outra cidade e sei que ele quer que eu vá junto, mas não me interesso em mudar. Pensando bem, acho que vai ser bom ficarmos longe. Estamos namorando há mais de ano e é o primeiro relacionamento sério para nós dois. Um tempo separados pode ser o que a gente precisa para avaliar se devemos continuar juntos. Também me sinto culpada. Sem mim, ele talvez se sinta infeliz, mas sei que, se eu fizer coisas só para agradá-lo, aí quem vai sofrer sou eu."

O dilema de Olivia é comum entre os jovens adultos que encontram um parceiro na faculdade e se perguntam se devem manter o relacionamento ou sair à procura de algo melhor. É um jogo de azar: eles não sabem se vão arrumar parceiro melhor e, se saírem procurando, podem perder o que já têm. Na fase dos vinte e poucos anos, as pessoas precisam de liberdade para se descobrir e isso fica mais difícil se elas precisam considerar os sentimentos de outra pessoa. Nessa época da vida abre-se o mundo dos "encontros adultos", que muitos recém-formados querem aproveitar ao máximo antes de formar uma família. Muitos jovens adultos nos disseram, porém, que quando chegam aos 26, 27 anos, a perspectiva muda. Como estão mais perto dos 30 do que dos 20, acham que namorar só por namorar é desperdício de tempo e começam a procurar seriamente alguém para casar. Querem saber logo de cara se o relacionamento tem potencial, porque se não tiver talvez não o levem adiante. Os jovens querem acreditar num conceito que resolveria todas as dúvidas amorosas: se existe mesmo o amor à primeira vista. Eles gostariam de crer nessa idéia, mas ao mesmo tempo sabem que pode ser um tiro no escuro.

Para os jovens, o conceito de amor à primeira vista provoca reações que vão do ceticismo à esperança, mas a maioria acha que se trata mesmo é de um mito. Em geral, quem recorre a essa idéia são pessoas já casadas, que justificam falsamente sua frágil história romântica afirmando que se apaixonaram à primeira vista pelos parceiros. Muitos temem ficar esperando anos por uma paixão fulminante que jamais virá. "É muito complicado", opina Rick, de 25 anos, de Nova York. "Gosto de pensar que um dia vou conhecer minha alma gêmea, que vai ser uma coisa mágica, etc. É legal quando essa história de amor à primeira vista dá certo, mas é evidente que não acontece com muita freqüência. Na maior parte dos casos, as pessoas ficam juntas e chega um momento em que têm de decidir se faz sentido continuar juntas ou não. As mulheres que querem ter filhos começam a ter pressa. Para os homens é mais fácil. Eles têm o privilégio de procurar uma moça de 24 anos quando já têm mais de 30. Como eu disse, é complicado. Ainda não consegui resolver meu caso particular."

Doug, 27 anos, aprendeu a aplicar aos relacionamentos amorosos as táticas de tomada de decisões que emprega em outros assuntos de sua vida. "Uma das grandes coisas que precisei superar desde a faculdade – aliás, ainda estou tentando superar – é a idéia de que há sempre uma resposta certa para tudo. Nas aulas de Engenharia, os professores sempre diziam que deve haver uma resposta certa. Acontece que no mundo real nunca é assim. Não acontece na política, no trabalho, nem mesmo nos relacionamentos. Descobri que, até na minha carreira, todo santo dia preciso tomar as melhores decisões baseado nas informações que tenho e seguir em frente. Isso é especialmente verdade nos relacionamentos amorosos. É bobagem procurar a pessoa perfeita. É preciso apenas encontrar alguém que realmente valha a pena e construir uma relação capaz de resistir à prova do tempo. É preciso ser maduro para compreender que haverá erros e desencontros, mas que podem ser reparados. E a pessoa também tem de se expor, se arriscar. Pode cometer erros, pois só assim colherá os benefícios das decisões acertadas."

Natasha, que vive em Maryland, diz que a avaliação de um relacionamento amoroso deve passar por um único crivo: o instinto. "Aprenda a confiar nisso, porque é a única maneira de ser feliz. E lembre-se de que brigar é desagradável e deve ser evitado num relacionamento. Não quer dizer que conflito seja ruim, mas brigar é. Se você consegue brigar com alguém e dizer 'Não gosto de você neste instante, mas continuo te amando', é um bom indicador de que você tem certeza sobre essa pessoa."

A força da intuição

Embora não acreditem em amor à primeira vista, alguns jovens apostam na força da intuição na hora de tomar decisões. "Às vezes, quando se está decidindo sobre um emprego, um local para morar ou na companhia de quem, você simplesmente sabe o que fazer", eles dizem. Keith, que fez mestrado em Educação de Surdos em Washington, diz que tomou suas decisões de vida baseadas em puro instinto. "Sempre quis lecionar para surdos. Era uma espécie de missão, como a dos padres. Não tinha nada a ver com piedade ou solidariedade. Eu apenas sabia que devia fazer isso. Tenho paixão por isso. Quando terminei meu primeiro trabalho nessa área, chorei de alegria. Senti que atingira a meta da minha vida", ele diz. "Já estou lecionando há dois anos e cada vez tenho mais certeza. Posso fazer com que as crianças surdas fiquem no mesmo nível de seus colegas que ouvem e às vezes até os superem. Fico eufórico quando ensino alguma coisa e o estudante compreende."

Tara confiou na intuição para escolher o emprego de seus sonhos e também para sair dele. "Às vezes, as escolhas que parecem mais automáticas ou convenientes são as certas, porque você as toma baseada numa espécie de pressentimento", afirma. "Nunca tinha pensado em me dedicar à dança, mas, depois da faculdade, descobri que nada me entusiasmava mais do que dançar. Combinei empregos variados com aulas de dança e de ioga e também dancei profissionalmente em espetáculos. Conheci pessoas de quem sempre gostarei, tive alguns anos malucos e maravilhosos." Depois de quatro anos, Tara decidiu deixar a vocação. "Estava de férias, depois de um período exaustivo de apresentações, e de repente percebi que já não queria ser testada para nenhum papel, nem ser rejeitada, nem passar mais duas noites fazendo testes até as duas da manhã, nem ficar com os pés e o ego machucados. Eu já tinha recebido tudo que podia receber da dança e estava satisfeita. Não tinha esse tipo de compulsão de que a dança, e só a dança, era uma carreira", diz. "Comecei a pensar na próxima etapa, que eu sempre soube que viria. Apenas desconhecia como seria a transição. Pensei com calma no assunto e tentei fazer com que esse vago desejo de fazer alguma coisa fosse adiante. É um processo contínuo de descoberta. Sempre haverá algo novo para tentar, você sempre se dará conta de que algumas coisas que está fazendo não são para sempre. Apesar da instabilidade, isso mantém você acordada e viva. Já se passaram dois anos desde que deixei a dança. Vou freqüentar um curso de pós-graduação no outono depois de ter trabalhado no exterior e trocado de emprego em outras cidades nos Estados Unidos. Mudar assusta, mas de outra maneira você fica empacada e não sai do lugar."

Lauren usa a intuição até mesmo para tomar decisões complexas. "Aprendi isso na faculdade, mas só me dei conta recentemente. Os anos na universidade foram minha primeira experiência longe da família e dos amigos de infância. Eu sabia que havia uma casa para a qual podia voltar se a barra pesasse, mas também existia um mundo lá fora que eu precisava conhecer. Quando deixei a faculdade, sabia que não queria voltar para minha cidadezinha de 800 habitantes, porque as oportunidades são limitadas. Decidi me mudar sozinha para uma cidade grande. Tinha uns amigos da faculdade que viviam lá. Depois de três anos, todos os meus primeiros amigos tinham ido embora, mas fiz novas amizades. Sinto muita falta de minha família, e é duro estar longe quando eles se reúnem para aniversários ou piqueniques, mas alguma coisa dentro de mim diz que estou no lugar certo e que com o tempo tudo fará sentido."

Nem certo nem errado

Alguns jovens adultos tentam desanuviar a tomada de decisões lembrando que a vida não é perfeita e às vezes não dá para separar as escolhas entre "certas e erradas". "Sempre temos muitas opções para escolher – do lugar para passar as férias ao interesse a que devemos dedicar energia, mas raramente encontro uma opção tão boa que se encaixe totalmente em mim", diz Gabriella, de Ohio. "Como encontrar um trabalho de que eu goste e, ao mesmo tempo, renda um bom salário? Como ter certeza de que não vou enjoar no futuro das coisas em que estou apostando hoje? Descobri que não trato minhas decisões pensando que um caminho é certo e que outro é errado. É mais provável que a situação me escolha, e não o contrário. Escolher um roteiro de viagem, aceitar um determinado emprego, ir ao cinema ou visitar uma amiga podem render conseqüências, vínculos e aventuras. Nada é só preto ou branco, positivo ou negativo. Seja lá o que você escolher, sempre aprenderá alguma coisa ou será levada a uma nova direção. Compreendi isso quando viajei sozinha pela Austrália e pela Indonésia. Cada dia me convidava a novas decisões, pessoas a conhecer, lugares a visitar, assuntos interessantes. Era surpreendente: quando eu simplesmente relaxava e me divertia sozinha, a vida também dava certo. Comecei a conhecer pessoas incríveis, fui a lugares deslumbrantes e aprendi a confiar em mim e na minha intuição. Mesmo experiências negativas da viagem – há sempre alguém tentando enganar turistas – não foram tão ruins, porque não ameaçaram minha vida e me ensinaram alguma coisa. Agora, a vida voltou a seu curso normal. Voltei para casa, tenho de trabalhar todo dia para pagar as contas. Mas conservo uma fé serena no futuro."

Dylan, pós-graduada pela Universidade Estadual da Carolina do Norte, sugere que os jovens tomem decisões considerando seus grandes interesses na vida em vez de se perder em detalhes tentando identificar o certo e o errado em pequenos dilemas. "É bobagem imaginar que as decisões são certas ou erradas. As decisões são complexas e seus custos e benefícios estão sempre mudando. Mas é possível tomar certos cuidados. Tente não se comprometer demais com um único rumo. Nenhum caminho vai ser adequado para você a vida inteira, por isso é melhor ser flexível. Sempre quis ser professora e antropóloga. Mantive esses dois objetivos em mente e escolhi caminhos que os contemplassem. Depois de me graduar, entrei para o Exército, também para realizar pesquisas da minha tese de mestrado. Levei quatro anos para obter meu diploma, um deles mergulhada em estudos na Inglaterra, e depois outros quatro anos estudando para o mestrado e o doutorado. Aprendi muito sobre mim mesma e descobri que minhas duas grandes paixões – lecionar e ser antropóloga – continuam firmes. Talvez algumas de minhas decisões não tenham sido perfeitas. Não faz mal. O importante não é ter certezas, mas tomar suas decisões de forma honesta e positiva."

Alguns jovens concordam com o argumento de Dylan, mas acrescentam: os erros não são apenas contingências no meio do caminho. Também podem ser úteis. "Afinal, pode-se aprender muita coisa quando se erra. A experiência do erro é insubstituível. Sem falar que as pessoas jamais saberão se estão certas ou erradas se evitarem as decisões por medo de errar", diz Victoria,

25 anos, de Nova York. "Há dez meses resolvi alugar um apartamento sozinha. Dividi apartamentos com colegas durante seis anos e decidi morar sozinha algum tempo. Eu não sabia se me conhecia suficientemente bem e esperava descobrir isso morando só. Resolvi não ter televisor nem computador no apartamento. Não queria nada que me distraísse de meus pensamentos. No começo, eu detestei: era sossegado demais e me sentia muito solitária. Mas comecei a ficar introspectiva e refletir sobre mim e o rumo que quero dar à minha vida. Isso me trouxe perguntas – e também respostas – que eu jamais tinha feito antes. A experiência foi um sucesso. Mas, e se tivesse dado errado? Teria arrumado uma solução e seguido em frente. Não acho ruim tomar decisões erradas. Nem sempre se pode saber de antemão se o caminho é o certo. É preciso arriscar."

O risco faz parte da vida, e quem não se arrisca, ainda mais na faixa dos 20 aos 30 anos, perde a chance de aproveitar uma das fases mais dinâmicas e borbulhantes da vida. "Como saber que as decisões que tomei são certas? Não sei e ponto final", diz Rick, de 25 anos. "Você precisa aceitar o fato de que não pode se dividir em duas pessoas e trilhar caminhos diferentes. Você faz suas opções e, quando isso acontece, desiste de outras oportunidades. O importante é ser capaz de assumir riscos e de tomar as decisões, mesmo que elas se revelem um equívoco mais tarde. É mais fácil encontrar pessoas lamentando o que deixaram de fazer do que aquilo que realizaram."

Seguindo em frente

A sugestão de Rick parece simplória, mas ilustra a postura otimista que alguns jovens adultos assumem diante da infinidade de escolhas que devem fazer. Esse otimismo é calcado em duas crenças. Primeira: decisões fazem parte da vida e só depois de morrer você deixará de tomá-las. Melhor arrumar um jeito de enfrentá-las, sem grande estresse. Segunda: muitos jovens acalentam um pensamento mágico, segundo o qual as coisas sempre acabarão dando certo, independentemente das decisões que tomarem. Frank, de 26 anos, diz que isso funcionou com ele. Quase no final do segundo ano na faculdade, ele encontrou um emprego que consumia todo o seu tempo livre. "Eu nunca tinha imaginado que venderia carros, mas lá estava eu, ralando na faculdade e trabalhando mais de 40 horas por semana numa concessionária Ford, me esforçando para vender carros novos e usados. Eu acabei me dando muito bem nesse trabalho", ele conta. "Quando me formei, tinha estabelecido dois objetivos que acreditava ser a chave da felicidade: ser o gerente financeiro mais jovem da Califórnia e ganhar 100 mil dólares por ano. Em três anos eu alcancei essas duas metas, mas aí, pela primeira vez, me vi sem um objetivo na vida. Entrei em crise. Eu, que me transformara num empreendedor que tinha uma casa e três carros na garagem, virei um jovem vacilante e obstinado à procura de alguma coisa. E um antigo sonho veio à tona. Num dia de setembro entrei no escritório e anunciei que estava me demitindo. Quarenta e cinco dias depois, passei a escritura da minha casa, empacotei tudo que era meu e vendi os automóveis. Desde então, sou muito feliz viajando pelo mundo."

Frank fez as malas e partiu. Para viajar 12 meses, fez uma programação de gastos. "Claro que senti medo quando resolvi me demitir. Mas estava convencido de que era a decisão adequada. Só ficou realmente óbvio que eu estava certo alguns meses depois. Ao nadar nas águas mornas de uma lagoa tropical em frente à minha cabana nas ilhas Fiji, com a lua cheia e o céu estrelado acima e as ondas batendo num recife a 100 metros da praia, o trabalho se tornou uma lembrança distante. Descobri que o paraíso era um lugar purificador e tive a certeza de que eu tinha feito a escolha certa. Será que eu deveria ter largado tudo antes? Não. Se eu tivesse feito isso, talvez agora estivesse me perguntando se eu realmente estava tão de saco cheio com meu trabalho a ponto de jogar tudo para o alto", diz. "Estou livre para realizar outro sonho: o de cursar pós-graduação, o que antes eu não podia fazer mesmo se trabalhasse só meio expediente. Demitir-se de um emprego que você não gosta quase nunca é a decisão errada."

Na época, Frank não sabia se estava tomando a decisão acertada, mas fez sua escolha, seguiu em frente e, no meio do processo, criou novas oportunidades. A experiência de Frank mostra que existe resposta à pergunta "Como sei se estou tomando a decisão certa?". A resposta: "Não dá pra saber, mas você deve tomar as decisões mesmo assim."

Seis
Como encontro o equilíbrio entre carreira, amigos, família e vida sentimental?

Encontrar um ponto de equilíbrio entre carreira, amigos, família e vida sentimental é fundamental para que os jovens adultos enfrentem seus desafios com tranqüilidade. Não existe modelo que sirva para todos. Cada um desses aspectos da vida tem um peso específico para cada indivíduo. A carreira costuma ser prioritária aos vinte e poucos anos – em detrimento da família, que ganhará importância mais tarde. O espaço para as amizades é oscilatório. Terminada a faculdade, velhos amigos se dispersam, e os jovens sentem a necessidade de criar uma nova rede de relações sociais. Mas, ao aparecer uma nova namorada, o terreno para cultivar amigos perde tamanho. Essas escolhas são particulares, por isso é difícil dar conselhos universais.

Os desafios são semelhantes aos de um rapaz que consegue sua primeira chance num time grande de futebol. Imaginemos que o titular teve uma lesão no joelho, e o novato, que jogou poucas vezes no time principal e ainda não está enturmado, encontra sua grande oportunidade. É dia de final do campeonato. O novato entra em campo. Bombardeado com orientações do treinador e do capitão, o dilema do jogador se compara à busca de equilíbrio do jovem adulto: embora seja inexperiente, precisa fazer escolhas cruciais. No ataque, a equipe tem "estrelas" que se acham os donos do time, e o novato precisa decidir quando e para quem passar a bola. O que ele faz? Analisa sua posição no campo. Avalia a consistência da defesa. Ouve a opinião dos companheiros, mas não pode basear sua decisão apenas na técnica. Também deve considerar as condições do campo e de seus adversários (a defesa deles andou falhando nos últimos jogos), lembrar que precisa manter bom relacionamento com todos os companheiros e criar uma relação de confiança com as "estrelas" (se ele passar pouco a bola, vai levar um gelo nos vestiários).

Se o time for campeão, ele vai ganhar o "bicho" como os titulares, mas, se vier uma derrota, será fácil colocar a culpa em sua inexperiência. Ele também deve pensar nos torcedores, que certamente aos berros vão aplaudir suas jogadas ou gritar "fora", se acharem que ele fez muita bobagem. Mas precisa, antes de tudo, mostrar seu talento individual para continuar a ser escalado. Ambos têm uma coleção de fatores a considerar antes de tomar atitudes e, em princípio, não possuem experiência. Para os jovens, que não ganham luvas nem são assediados por patrocinadores, esse conflito é mais abrangente. Eles precisam alcançar, de alguma forma, o equilíbrio entre os vários compartimentos da vida, caso contrário a crise pode ficar inadministrável. Mas temem não encontrar o equilíbrio adequado, pois imaginam que seus destinos serão irremediavelmente afetados a longo prazo se fizerem escolhas erradas. "A parte mais difícil é que existem muitas variáveis a considerar, mas é fácil saber por onde começar e como equilibrar tudo", diz Joe, que concluiu seu mestrado na Filadélfia.

Quando o coração manda

As prioridades às vezes mudam quando eles menos esperam. Para Jill, a luta para equilibrar aspectos de sua vida a consumiu durante dois anos, depois de sua saída da universidade. "Meu pai sempre disse que eu devia ter um objetivo imediato e um projeto maior, de dez anos", diz Jill. "Quando me formei, já tinha meu plano: queria lecionar arte e dança para crianças, de preferência no exterior. Fiquei calculando como faria para, pouco a pouco, chegar lá." Jill não imaginava que pudesse alcançar seu objetivo rapidamente, mas foi o que aconteceu. Depois da formatura, ela se mudou para a Islândia, onde passou uma temporada dando aulas de educação artística para crianças americanas de uma base militar e de balé para jovens. "Realizei meu projeto de dez anos em apenas dois meses. E daí?"

Jill levou um choque quando começou no emprego. Jovem e inexperiente, imaginava um ambiente mais estimulante. "Eu estava entusiasmada. A sala de aula seria meu campo de provas para desenvolver as potencialidades dos alunos que, na minha ilusão, eram crianças maravilhosas e puras. Logo aprendi que eu precisava gastar um tempo enorme vigiando o comportamento deles, garantindo que a menina de maria-chiquinha dividisse seus lápis de cor com a garota da carteira ao lado ou impedindo que o ruivinho brincasse no bebedouro e inundasse o corredor." Para piorar as coisas, Jill não conseguia se relacionar com os colegas mais velhos.

Tudo isso fez com que Jill se desencantasse com a idéia de viver na gélida Islândia por cinco anos, como havia previsto. Mas não tinha muita idéia sobre o que fazer. Viria outro choque. Ela, que teimosamente dera prioridade à carreira, mergulhou numa grande confusão emocional. Inesperadamente se viu apaixonada por Rob, oficial da Marinha americana em serviço lá. Tudo mudou. Carentes de afeto num país estranho, ficaram íntimos mais depressa do que esperavam. Jill estava tão feliz que os aborrecimentos em outros aspectos de sua vida tornaram-se suportáveis.

Mas Rob logo seria designado para outro posto e voltou aos Estados Unidos. Na Islândia, Jill tentou fazer com que a balança pendesse de novo para a carreira. Tentava cultivar novas amizades e se distraía com grandes projetos na escola. Depois de seis meses de namoro à distância, chegou a hora de colocar tudo de novo na balança e ver o que continuava valendo a pena. Seria uma decisão fácil de tomar, se o namorado de Jill não tivesse sido transferido para uma base numa cidade bucólica e pouco movimentada, daquelas ótimas para passar uma velhice tranqüila. "Eu queria ir viver numa cidade quente, com vida cultural agitada, não naquele lugar cercado de pastagens", diz Jill. Durante várias semanas, Jill debateu-se com o dilema. Quando recebeu a visita de sua família na Islândia, o pai lhe perguntou: "E agora, qual é seu novo projeto?"

Jill relembra: "Eu não tinha nenhum projeto. Tudo que eu tinha era meu coração me dizendo que eu queria ficar junto de Rob. E foi isso que eu disse a meu pai. Achei que ele fosse ter um ataque, mas ele gostou de saber que eu queria cuidar de minha vida pessoal, ficar com a pessoa que amo. Disse que me daria apoio emocional e mesmo financeiro, se eu precisasse. Com a ajuda dele, eu pude dar meu grande salto." Jill voltou para os Estados Unidos e foi morar com Rob. Sua rotina não foi tão chata como chegou a supor. Ela encontrou emprego como professora de Artes numa escola pública e de dança num estúdio particular.

Seis meses depois de deixar a Islândia, Jill começou a freqüentar aulas de dança avançada à noite e logo começou a se apresentar dançando. Resolveu expandir seus horizontes porque se sentia confiante como nunca. Pela primeira vez como adulta, sua vida pessoal era gratificante. Hoje, a felicidade de

Jill faz com que as horas no emprego passem rápido porque ela só pensa nas aulas de dança e em ir para casa ficar com o namorado. Jill já foi criticada pelo modo que escolheu para equilibrar a vida. Amigos continuam a reclamar que ela está desistindo de seus sonhos para ficar com "um cara qualquer nos cafundós-de-judas". Ela não concorda. "Sonho era o que eu tinha na cabeça logo que saí da faculdade. O resto não são sonhos, é a vida real. Será tão importante o fato de meu trabalho ser meio chato, se todo o resto é felicidade? Meu projeto de vida já não é tão claro quanto era na faculdade. Provei que o mais importante para mim é seguir meu coração, mesmo que isso pareça loucura, e confiar em que tudo vá dar certo."

Um lugar para cada coisa

A história de Jill é tão radiante que pode até inspirar alguns leitores a jogar tudo para o alto e seguir o exemplo. Jill, contudo, demorou muito para encontrar o equilíbrio e a felicidade. A satisfação na carreira está a anos-luz da realização que encontrou na vida pessoal, e ela não sabe como mudar isso. Jill integra uma tribo cada vez maior de jovens que se realizam dando mais prioridade aos relacionamentos do que às carreiras. Alguns o fazem por causa da recessão e do desemprego, que tornaram o mundo do trabalho inóspito e pouco gratificante. Outros seguem esse caminho de caso pensado.

Dylan, de 29 anos, recusa-se a abrir um espaço exagerado para a carreira em seu projeto de vida. "É um perigo levar a carreira muito a sério. O dinheiro não vai lhe fazer companhia quando você sentir vontade de admirar um pôr-do-sol. Nem vai rir com você das loucuras da vida, nem vai convidá-lo para uma cerveja quando você está desanimado. Se você conservar os relacionamentos pessoais, creio que a carreira vai florescer naturalmente. Se você deixar de fazer isso, vai ficar infeliz e seu desempenho no trabalho vai ser burocrático e irregular. Nunca tenha medo de colocar as pessoas acima do trabalho. Uma carreira não pode impedir que você curta a vida com os amigos e a família. Quando isso acontece, é um desperdício de energia e de tempo."

A aversão ao ideário workaholic anda ganhando alguma popularidade entre os jovens adultos. Vejamos o exemplo de Paula, de 25 anos, moradora de Washington. O emprego exige que ela viaje muito e trabalhe horas extras em certos períodos. A princípio, essas restrições de tempo e energia não a incomodavam. Mas chegou uma hora em que ela percebeu que precisava levar uma vida tranqüila. "Sempre dei duro, sempre acreditei que, para ter sucesso e ganhar dinheiro, é preciso 'ralar' muito. Não me incomodava de trabalhar depois da hora, mas aí comecei a perceber que estava me afastando dos amigos, que estava deixando a vida passar. É claro que o trabalho é importante. Mas minha vida despreocupada de solteira não vai durar para sempre. Se eu quero me divertir, a hora é agora. E, além de tudo, os empregos passam, enquanto os amigos ficam."

Não é fácil desistir de projetos de carreira por uma "causa sentimental". Mario, 27 anos, que mora em Washington, encarna esse problema. Sua vida é boa e seu emprego também, mas a família e os amigos ficaram em Massachusetts. "Estou deixando de curtir minha família, especialmente meus dois sobrinhos pequenos. Quero um dia voltar a morar em Massachusetts para ficar mais perto deles, mas só se for para trabalhar no emprego certo", ele diz. "Tenho de ser seletivo, não posso perder o que conquistei, mesmo porque só conseguirei um emprego de alto nível lá se não descuidar da carreira."

Investir na carreira sem abrir mão de algum tempo para os amigos e o lazer pode tornar-se um exercício complexo, que exige aplicação. "Como trabalho das sete da manhã às oito da noite, fico sem tempo para nada. Como é que posso viver assim?", pergunta Ashley. "Luto para fazer coisas fora do trabalho. Tento marcar encontros com amigos na hora do almoço para evitar que o emprego domine completamente minha agenda. Embora seja exaustivo, remar contra a maré do excesso do trabalho força as pessoas a preservarem coisas importantes da vida."

Isso também acontece no mundo dos adultos. Alguns recém-formados aprendem a equilibrar diferentes aspectos da vida porque o excesso de trabalho estimulou-os a fazer isso. Jackie, diplomada por uma universidade texana, orgulha-se de manter o equilíbrio entre carreira, amigos e família. Trata-se, segundo Jackie, de uma das poucas coisas na vida que ela administra corretamente. "Meu expediente de trabalho é longo, então minha vida social precisa ser prioritária. Na minha idade, ainda não estou procurando o homem com quem vou passar o resto da vida. Posso sair, me divertir com amigos e conhecer muita gente. Tenho dinheiro e confiança suficientes para poder desfrutar da vida e pensar no meu bem-estar."

As prioridades às vezes mudam. No ano passado, a mãe de Jackie morreu e ela passou a dedicar mais atenção à família. Como os dias de semana são preenchidos pelo trabalho e as saídas noturnas, ela usa os fins de semana para ficar com a família. E quanto ao amor? Jackie diz que é a única peça ainda faltando, mas isso não a incomoda.

Os efeitos da crise dos 25 são comuns a homens e mulheres, exceto talvez pela forma de encarar essa busca de equilíbrio. Quando fizemos a pergunta que abre este capítulo às mulheres, as respostas seguiram mais ou menos o depoimento de Natasha, 26 anos, da Califórnia: "Como é que eu determino o equilíbrio certo entre carreira, amigos, família e amor? Com muito cuidado. E isso envolve muito choro e muita dor de cabeça, se você é mulher." Emily, de Los Angeles, definiu melhor o problema: "Eu estava escrevendo um roteiro cinematográfico sobre uma mulher solitária e bem-sucedida em Wall Street que, de uma hora para outra, se via obrigada a cuidar de um adolescente. O conflito envolvia a carreira que ela amava – e estava no centro de sua vida – e um jovem que precisava dela e de quem ela também precisava. Meu professor, que era um cara solteiro de 30 anos, acenou com a cabeça e disse: 'Você está quase resolvendo a trama. Mas falta arrumar uma saída inteligente que permita a ela ter uma carreira e uma família ao mesmo tempo. Sem parar no tempo e no espaço.' Aí eu me dei conta: se eu tivesse essa resposta, eu ganharia muito dinheiro e milhões de mulheres no planeta respirariam aliviadas. Tive de mudar a estrutura do roteiro porque não consegui fazer a moça escolher entre família e carreira", conta.

"O grande problema", diz Emily, "é que a sociedade não trata com nenhuma indulgência a dupla jornada imposta às mulheres. Todo mundo acha normal que a mulher se desdobre entre carreira e família, enquanto o homem separa bem os dois compartimentos. Me lembrei da história de um atleta, que era admirado por assumir a criação de sua filhinha pequena depois de ser abandonado pela mulher. Ele trabalhava, economizava, criava a criança e ainda era bom atleta. Chegou a ser entrevistado num programa de esportes. Mal tinha dinheiro para alimentar o bebê e a si mesmo e recebeu mais ajuda financeira. A história era emocionante e comovente. Lembro que comentei com minha mãe: 'Que história! Não é impressionante que ele cuide da criança e ainda seja um grande atleta?' Minha mãe nem me olhou quando respondeu: 'Não sei, porque eu só criei dois filhos e fiz mestrado ao mesmo tempo...' Percebi que grande número de mulheres estuda, cria filhos e ainda trabalha!"

Emily continua: "Cuidar da família é obrigação da mulher. Se ela quiser ter uma carreira, precisa arcar com o ônus da escolha e dar conta de tudo. Os homens não ajudam. Nós gostamos desses dois papéis e não queremos desistir de nenhum deles – nem deveríamos ter de fazer isso –, mas sempre temos de optar para fazer com que as coisas se equilibrem. Somos malabaristas modernas, responsáveis por produzir a próxima geração de cidadãos e de encontrar nosso próprio lugar e nossa própria carreira", ela diz. "Quero muito seguir uma grande carreira. E quero muitíssimo ser mãe, estar com meus filhos, sentir que eles iluminam a minha vida e que sou importante para eles. Odeio pensar em ceder. Meu projeto é seguir em frente com minha carreira, até eu me apaixonar. Ou não me apaixonar, pois vou ter filhos de qualquer maneira. Aí vou ver aonde a estrada me leva. Cada mulher precisa achar um tipo de equilíbrio particular, desistindo de uma coisa hoje, de outra no dia seguinte, sem perder de vista o principal."

Quando o amor acontece

Apesar de exigir muito esforço, é possível manter um relacionamento firme sem sacrificar outras coisas importantes quando o amor acontece. No Brasil, os jovens parecem buscar nos relacionamentos sérios um porto seguro para suas inquietações profissionais e existenciais. Segundo estatísticas de 2002 do IBGE, 69% dos casamentos civis realizados no Brasil foram entre jovens de até 29 anos. Isso demonstra que os jovens dão grande importância à vida afetiva, embora os sonhos de se dar bem na profissão nunca se percam de vista.

Jeff, advogado recém-formado, não abre mão de conviver com a família e os amigos, mas a namorada de muitos anos recebe a maior parte de sua atenção. "Estamos juntos há seis anos. Nenhum outro aspecto da minha vida tem tanta importância quanto ela", afirma. "A tendência natural", diz Jeff, "é que amigos e familiares sintam-se excluídos. Mas ele se esforça em evitar o afastamento. Jeff é adepto da técnica de não-dá-para-agradar-todo-mundo-mas-se-pode-tentar. "A chave é tentar encontrar coisas que deixem todo mundo feliz", ele diz. "Passo muito tempo em casa com minha namorada, mas, se decidimos ir a algum lugar, convidamos nossos amigos. Me esforço para que ninguém se julgue não-importante para mim."

Quando uma prioridade absorve demais o tempo do jovem, surge a amarga sensação de que a vida está perdendo parte da graça, que não há espaço na agenda para tudo o que se gostaria de fazer. Kim, de 25 anos, sentiu isso quando arrumou dois empregos ao mesmo tempo. "Sempre tive facilidade em cultivar relacionamentos, mas ficava tão cansada que nem telefonava para meus amigos e minha família. Reagi e comecei a cuidar melhor de meu tempo livre. Nos finais de semana saía quase todas as noites com amigos. Íamos a bares e boates, mas me cansei da atmosfera desses lugares, onde se pode beber, dançar e se divertir, mas é difícil ter conversas adultas com pessoas interessantes."

Kim agora arrumou um namorado e tenta contemplar a vida amorosa em sua rotina agitada. O problema é que ele mora em outra cidade e os deslocamentos ocupam um tempo de que Kim raramente dispõe. "Estou muito feliz, mas está difícil acomodar as coisas. Nunca achei que fosse me apaixonar assim, por isso aprendi a depender apenas de mim para ser feliz, me divertir e manter a auto-estima. Agora vivo um conflito. Trabalho 60 horas por semana, tento arrumar tempo para um namorado que mora longe e também luto para manter minha independência e minha capacidade de tomar conta de mim. Com esse romance, diminui o espaço para meus amigos e minha família, sem falar no tempo para descansar e no tempo que eu dedico às obrigações domésticas tediosas, como lavar pratos e limpar a casa. Não dá para conciliar tudo, mas faço o melhor que posso."

"Equilibrar a vida amorosa e a social é especialmente duro para os jovens que se despedem da vida de solteiro", diz Jessica, casada há dois anos. "Você está maravilhada com o casamento e vira um estranho para os amigos, que continuam solteiros e com hábitos de solteiros", diz. "É uma mudança de vida radical. É muito mais difícil construir ou manter uma rede de amizades hoje do que quando entrei na faculdade e não conhecia ninguém. Meu casamento está em primeiro lugar. Mas a maior parte do tempo estou no trabalho. Às vezes consigo visitar os amigos nos finais de semana. É triste, mas eles deixaram de ser uma prioridade na minha vida."

A dificuldade em equilibrar tudo não deixa de ser um doce problema. Afinal, nem todo mundo tem a sorte de ter emprego, namorado, amigos e outros interesses para disputar seu tempo livre. Dan, que vive no Arizona, considera-se razoavelmente equilibrado. Aos 24 anos, está feliz no emprego. "Tenho sorte, porque normalmente às seis e meia já terminou meu dia de trabalho e nunca levo serviço para casa. Só fico meio cansado quando preciso viajar, mas isso não é tão freqüente", diz. O trabalho é uma parte importante de sua identidade – se não estivesse satisfeito com a carreira, provavelmente não se sentiria feliz. "Para mim, a chave da felicidade é a sensação de completude, de que estou cuidando de todas as partes de mim. Preciso ser desafiado, criativo, valorizado, amado. E preciso de tempo para me recarregar. Não costumo ter todas essas coisas ao mesmo tempo e não saberia qual delas é mais importante, por isso me esforço para encontrar meios de tratar de todas."

O grande porém é que Dan está sem namorada. Isso não afeta sua auto-estima. "Se a carreira é a prioridade número 1 – e está tudo bem com ela –, a número 2 é encontrar a pessoa certa para mim." Dan bem que está tentando. Saiu com algumas moças que conheceu em festas e com uma colega de trabalho, mas nenhum relacionamento foi adiante. "Está difícil", conta.

"Se eu tivesse mais contatos sociais, poderia contar com o acaso para achar essa pessoa. Mas sou tímido e não gosto de freqüentar clubes nem lugares agitados. Me saio melhor quando consigo conversar direito com a pessoa. Não posso ficar trancado no meu apartamento." Ele anda pensando em fazer trabalho voluntário. Quem sabe, assim, encontra a alma gêmea.

A hora do desgaste

A busca do equilíbrio é desgastante. Pouco experientes nesse tipo de malabarismo, os jovens adultos sofrem para escolher as prioridades e é comum que sofram de baixa auto-estima. "Tenho uma ligação forte com minha família e sinto falta dela. Às vezes questiono a importância que a carreira está tomando na minha vida", explica Maria, moradora de Nova Orleans. "Mas sei que estou fazendo a coisa certa. Se continuasse morando em minha cidade natal, não teria aproveitado as oportunidades de carreira que surgiram. Por outro lado, não posso cuidar apenas da carreira para o resto da vida. Preciso estabelecer meus objetivos, correr atrás deles para ser feliz."

Os jovens não sabem se seguem a própria intuição, ouvem os conselhos dos pais e amigos ou atendem às cobranças da sociedade. "Às vezes lembro que só faltam quatro anos para eu fazer 30 e ainda estou bem longe de me casar e ter filhos", diz Maria. "As mulheres se sentem pressionadas. A sociedade espera que tenhamos filhos e carreira bem-sucedida. Isso é coisa para supermulher. Acabei de me formar, trabalho e faço pós-graduação. Estou exausta e não pretendo levar uma vida dessas para sempre. Não posso nem quero dormir só seis horas o resto da vida. Às vezes acho que devia consultar um terapeuta, mas sinto que o tempo vai acabar resolvendo esses problemas."

Para manter o equilíbrio

Neste capítulo, os jovens discutiram suas dificuldades para equilibrar todas as coisas importantes da vida. Poucos encontraram um modo eficiente para garantir que amigos, família, carreira e relacionamentos amorosos recebam a quantidade certa de atenção.

Vale a pena considerar o conselho de Cathy, 22 anos, de Nova York. Ela admite que é preciso concentrar-se em alguma carreira porque "isso vai representar um mínimo necessário de estabilidade no futuro. Mas nunca se deve negligenciar as outras coisas, porque senão a carreira não vai valer nada". Quanto aos demais aspectos da vida, ela sugere: "Não deixe que nenhuma das áreas predomine, porque você vai ser infeliz." Dylan, que fez doutorado na Carolina do Norte, concorda: "É um erro supor que dar prioridade a um aspecto da vida significa ignorar os outros. Ou imaginar que existe um malabarismo complexo que deve ser seguido para que tudo saia bem. Na verdade, é possível sempre prestar atenção a todos os aspectos, respeitando os limites de cada momento." Ninguém está dizendo que é fácil, mas, como diz Dylan, é possível tentar.

Sete

Posso levar minha experiência da faculdade para o mundo real?

As crianças e os adolescentes são convencidos pelos pais e pela escola de que existe uma progressão natural de eventos entre a infância e a idade adulta. E que entre o colégio e o mundo real há um elo chamado faculdade, capaz de transformar o mais ingênuo dos garotos num jovem profissional com futuro promissor. De fato, nada substitui a experiência da universidade – um período de profundo investimento pessoal em que se convive com centenas de pessoas da mesma idade voltadas para o mesmo objetivo. Mesmo uma faculdade fraca pode deixar boas lembranças – e elas não se limitam aos romances tórridos e aos conchavos políticos no centro acadêmico. Mas o ensino superior costuma falhar num ponto essencial: não se preocupa em preparar o estudante para as regras às vezes selvagens do mercado de trabalho.

O desconforto varia de acordo com a profissão. A transição é mais tranqüila, por exemplo, num curso de Medicina, em que os futuros médicos passam por um treinamento progressivo dentro da universidade, que os coloca em contato com a vida exatamente como ela é. Em carreiras mais teóricas, o choque é maior, daí a importância de o aluno fazer estágio antes da formatura. Quase todos os jovens entrevistados para este livro se lembravam de alguma situação difícil e inesperada que enfrentaram depois da formatura, para a qual a faculdade não os havia preparado. Alguns superaram as saias-justas sem maiores traumas. Outros se sentiram vulneráveis e reagiram com amarga decepção.

Na faculdade, o caminho para o sucesso é uma fábula com previsível final feliz: basta estudar e tirar boas notas que uma hora o diploma vai chegar. No chamada vida real, a equação é muito mais complexa. Para se ter uma idéia do choque, basta observar as prerrogativas de um estudante no último ano de faculdade. Ele é um veterano: professores o respeitam, calouros invejam seu estágio, calouras suspiram por ele, sem falar no orgulho da família de ter um filho bacharel. Já o primeiro ano pós-faculdade, mesmo quando tudo dá certo, costuma ser um inferno astral. Ele se torna apenas mais um profissional no mercado de trabalho – dos menos tarimbados, aliás. Muitos não conseguem emprego porque não têm experiência e não acumulam experiência porque não conseguem emprego. Até que vençam esse círculo vicioso, os recém-formados mergulham naquela famosa depressão do "não estudei tanto para ser office-boy de um chefe folgado".

Diplomas sem valor

"Passei a infância e a adolescência ouvindo que eu poderia ser o que bem entendesse", diz Maria, de 26 anos, residente em Seattle. "Foi assim até a faculdade. Me esforçava para conseguir as coisas, e conseguia mesmo. Quando me formei, fiquei desorientada. Ia fazer entrevistas para emprego, mas ninguém me contratava. Eu pensava: 'Não é possível, dei um duro danado para chegar até aqui e me rejeitam?' Pior é quando dizem que você não é bem o que eles estão procurando, mas que existe um cargo de secretária disponível na empresa." Josh reclama que não tem a experiência que as empresas pedem. "Só me oferecem cargos ruins. Esperava que dessem mais valor a meu diploma", diz.

Quando Stacy, de 27 anos, se formou em Letras, logo compreendeu que seu diploma tinha um valor limitado. Como não queria dar aulas, acabou se contentando com um trabalho de secretária, em que atende telefones e faz memorandos. "É um emprego que não acrescenta a meu currículo nada que ajude a conquistar um trabalho melhor. É frustrante, sinto que estou desperdiçando meu tempo. Começo a achar que preciso de sorte ou que devo aceitar qualquer cargo numa empresa interessante, na esperança de que seja promovida lá dentro."

Kristina se formou na Flórida, com especializações em Comércio Internacional e Administração. Mas não conseguiu encontrar uma empresa disposta a aproveitar sua formação. Só recebeu ofertas de cargos burocráticos. Na prática, queriam que ela trabalhasse como uma recepcionista superqualificada. "Quando me formei, achei que ia ser fácil arranjar emprego. Mas nos primeiros seis meses depois da formatura não consegui nada. Está certo que eu vivia numa cidade pequena, sem grandes oportunidades. Me sentia péssima e, antes de ficar totalmente 'deprê', resolvi me mudar para uma cidade maior. O problema continuou. Ninguém queria me contratar." Kristina conseguiu um trabalho temporário, que só durou três meses. A empresa faliu. Finalmente ela capitulou e aceitou trabalhar como secretária. E deu certo: depois de um breve período atendendo telefones e agendando almoços, foi transferida para uma área mais instigante. Hoje, organiza sites da Internet, uma das atividades da empresa. "Depois de alguns meses de depressão, baixa auto-estima e empregos de segunda, aqui estou eu, trabalhando com websites", ela diz. "É a última coisa que pensei em fazer na vida, mas estou adorando. Aprendi que conseguir um diploma é apenas o início de um caminho. Não tenho certeza se é isso mesmo que quero fazer. Nem sei se vou ter certeza algum dia. Mas, por enquanto, isso paga minhas contas."

Kristina acha que teve sorte, porque alguém enxergou seu potencial e lhe ofereceu a oportunidade de aprender coisas e assumir responsabilidades. Mas ela demorou a entender que o emprego dos sonhos não estava a seu alcance, pelo menos da forma como supunha. Kristina diz que se sente ludibriada pelos professores, que não a alertaram para as dificuldades que viriam. Se a universidade "falasse a verdade", isto é, que os recém-formados talvez tenham de fazer trabalho burocrático, que seus empregos talvez não tenham a ver com a área em que se especializaram, possivelmente os jovens adultos sofreriam menos com as mazelas do mundo real.

Formação específica

Elaine, de 24 anos, moradora de Dallas, queixa-se da ênfase que muitas faculdades dão às especializações. "Na minha experiência como candidata a empregos e depois como responsável por contratações, eu me horrorizava quando as pessoas eram preteridas porque não haviam se especializado numa determinada área. É um absurdo imaginar que o jovem esteja preparado para fazer escolhas tão específicas. Por que não avaliar um estagiário apenas por seu desempenho na empresa? Por que diabos alguém espera que pessoas de 24 anos sejam experts em alguma coisa? A especialização é uma doença. Ela paralisa os profissionais, impede-os de assumir riscos em empregos que não coincidem exatamente com seus currículos. Além do mais, mesmo quando um curso parece preparar a pessoa para um determinado trabalho, só parece mesmo, porque a formação é superficial."

O estudante sai "verde" da universidade e, mesmo quando se diplomou numa área altamente especializada, é comum que seja tratado no primeiro emprego como um aprendiz ainda pouco qualificado. Muitas empresas temem a inexperiência dos recém-formados e evitam dar grandes responsabilidades logo de cara. Formada em Economia, Amanda, de 24 anos, conseguiu o que considerava um cargo respeitável: o de pesquisadora numa empresa de consultoria. O cargo a atraiu porque ela estaria trabalhando com outros recém-formados e porque a função, na teoria, parecia estimulante. Na prática, ela tinha de realizar tarefas subalternas que não exigiam qualquer refinamento, muito menos um diploma em Economia. "Um macaco poderia fazer meu trabalho", queixa-se Amanda.

Outro desiludido é Marnel, também formado em Economia. Contratado como pesquisador, Marnel passa a maior parte do tempo na frente do computador. Diz que seu trabalho – avaliar tendências do consumidor – é um tédio só. "Passo o dia inteiro apontando tópicos na tela e apertando teclas", diz Marnel. Sempre gostei de Economia, mas, depois de formado, descobri que estudar é muito diferente de trabalhar nessa área. Nunca tinha me dado conta do que significava fazer pesquisas econômicas, que é o que eu estou capacitado a fazer com meu diploma. Fui ingênuo. Gosto de trabalhar com computadores, economia e análises quantitativas, mas agora já não quero fazer disso uma carreira a longo prazo. Esse emprego me deixou cético. Começo a achar que a Economia não tem nada a ver com a realidade. Muitas coisas que se busca avaliar, como o comportamento humano, são impossíveis de prever. E em Economia é preciso criar um monte de suposições." Marnel se decepcionou tanto que pensa em largar a carreira e voltar para a faculdade. Victoria, nova-iorquina de 25 anos, enfrentou muitas dúvidas na hora de escolher uma carreira. "Como a maioria dos adolescentes, eu buscava um diploma universitário.

Um diploma em quê? Não tinha a menor idéia. Comecei a perguntar às pessoas sobre que critérios elas usavam para escolher e as respostas me surpreenderam. Algumas escolhiam carreiras porque alguém sugeriu, outras, por exigência dos pais. Uma coisa ficou evidente: pouquíssimas selecionaram uma área por interesse próprio. Decidi que comigo não seria assim. Se eu ia fazer uma faculdade, teria de definir o que me interessava de verdade e escolhi Medicina." Quando Victoria contou sua decisão ao pai, levou um banho de água fria. O pai sugeriu que ela não tinha as qualificações para ser médica. "Conheça suas limitações", aconselhou. Victoria acrescenta: "Será que a maioria dos jovens de 19 anos conhece suas limitações? Passei por um período de depressão depois dessa conversa com meu pai. Todo tipo de dúvida me encheu a cabeça. Que droga então eu ia fazer?"

Depois de pensar bastante, chegou à conclusão de que seria mais seguro cursar Enfermagem. Depois de três anos de estudo, decidiu mudar de cidade e se transferir para uma nova universidade, embora isso atrasasse a conclusão do curso. A faculdade passou, então, a ser um projeto de sete anos. "Continuava a ter dúvidas. Como é que eu podia saber se ia dar certo? E se não desse? Eu seguia meus instintos, mas ainda não confiava em mim", ela diz. Perto de se formar, Victoria conseguiu emprego no laboratório de hematologia de um hospital local. Mas teve uma surpresa amarga: não passou nas provas finais do Curso de Enfermagem. "Fiquei arrasada. Fui bem no curso e sabia que era aquilo que eu queria fazer. Por que não passei? As palavras de meu pai não me saíam da cabeça: 'Conheça suas limitações.' Será que eu não era inteligente? Meu Deus, eu tinha acabado de levar 'bomba'. Tive vontade de fugir. A idéia de ir morar numa praia e passar o dia fumando maconha chegou a me atrair. Eu estava apavorada, me sentia no fundo do poço. As pessoas tentavam me animar, mas nada funcionava."

Depois de algumas semanas de lamentações, Victoria resolveu tomar as rédeas da situação: matriculou-se num curso de recuperação, obteve média 9 e finalmente passou nos exames finais. Achou então que estava pronta para entrar no mercado de trabalho "mas me enganei quando pensei que dali para a frente tudo ia ser fácil. Meu primeiro emprego como enfermeira deixou muito a desejar. Não era o tipo de enfermagem que eu queria praticar. A administração não dava apoio e até hoje me pergunto como as enfermeiras conseguiam tratar de tantos pacientes. O estresse era insuportável. Como a experiência me ensinou que mudar é crescer, resolvi mudar de novo e consegui um emprego em outro hospital, que é o máximo; finalmente estou feliz. Aos 25 anos, minha insegurança diminuiu um pouco. Afinal de contas, passaram-se sete anos. Mas fico satisfeita de saber que isso exigiu trabalho duro e perseverança para chegar aonde estou hoje".

Jovens e solitários

O choque dos recém-formados não se limita ao mundo do trabalho. Também se verifica uma profunda mudança em sua vida social, que, muitas vezes, conduz ao isolamento. Não chega a ser uma surpresa. A ladainha segundo a qual "a faculdade representa os melhores anos de sua vida" tem a ver com a imersão num ambiente ocupado por pessoas da mesma idade, com dúvidas e objetivos comuns, horários coincidentes, disponibilidade para festas e enorme disposição física. Fora da faculdade, tudo é diferente. No local de trabalho convive-se com pessoas de faixas etárias e interesses diversos. É preciso descobrir novas maneiras de conhecer pessoas, num momento em que as prioridades na vida mudaram e o jovem concentra seu tempo e seu vigor físico na dura tarefa de se firmar como profissional e alcançar a independência financeira. Bill diz que tem tido dificuldade em fazer amigos, embora há anos more na mesma cidade. "Quando a galera já tem um grupo de amigos, não é fácil quebrar o gelo e passar a pertencer ao grupo", diz ele.

Um problema básico para os jovens é achar que podem construir amizades no trabalho com a mesma facilidade com que se relacionavam na faculdade. Logo aprendem que, nessa nova fase da vida, não se fazem mais amigos como antigamente. Kevin, de Nova York, afirma que, embora gostasse do trabalho, descobriu que era difícil envolver-se com as pessoas. "De um lado, não faz parte da cultura da empresa estimular as pessoas a se conhecerem e se relacionarem fora do ambiente de trabalho. De outro, eu olhava para a maioria das pessoas em volta e pensava: tenho 24 anos, sou solteiro e já acabei a faculdade, e não é com esse tipo de pessoas que quero sair. Pelo menos conheço bem a cidade. Tenho colegas de trabalho que vieram de fora, não conhecem ninguém, nem o que a cidade oferece."

Mesmo se o ambiente de trabalho estimula os funcionários a se conhecerem melhor, os recém-formados aprendem que há um custo em misturar a vida social ao emprego. Renée, de 25 anos, por exemplo, não quer que todos os seus amigos trabalhem no mesmo lugar que ela. "Na faculdade tinha sempre amigos inteligentes com quem aprendia coisas diferentes. Sinto falta disso. Hoje, todos os meus amigos eu conheci por meio do trabalho. Às vezes é dose sair com pessoas com quem você já conviveu 50 horas por semana. Durante uma ou duas horas conseguimos não falar de trabalho, mas, quando a gente vê, está reclamando do chefe. É difícil conhecer pessoas de fora do escritório. É difícil encontrar os mesmos interesses, a menos que você trabalhe com outros jovens. Entrei para um clube de tênis, o que ajuda, mas, além de jogar tênis, não tenho facilidade em me aproximar. As pessoas não me parecem interessantes nem divertidas como meus colegas da faculdade; todas parecem iguais. Depois da faculdade, conhecer pessoas cria um dilema. Você sente vontade, mas aprende que isso dá muito mais trabalho e já não vale tanto a pena."

Renée conserva as amizades da faculdade através de e-mails, mas a tecnologia não a ajuda a encontrar o namorado que procura (ela não acha nenhuma graça em romances virtuais). Uma queixa recorrente dos recém-formados é a dificuldade em conhecer parceiros(as) românticos(as) confiáveis. No ambiente da faculdade, as pessoas todas se conhecem (ou pelo menos têm amigos em comum que dão boas referências) e dormir com alguém logo no primeiro encontro não tem toda aquela carga de promiscuidade e risco característica da rotina de trintões e quarentões desimpedidos. Como ressalta Amanda: "Tudo é diferente e superficial quando se trata de conhecer gente. Como saber em quem confiar? Já conheci caras em bares e gostei. Eram divertidos. Mas às vezes me preocupa me envolver com gente que mal conheço."

Para Renée, o "vale tudo" pós-faculdade tem impacto nas atitudes dos adultos para encontrar parceiros. "Acho que essa é a pior parte de se formar: a perda dessa forma espontânea de conhecer gente. Já fui a algumas festas de solteiros, onde se sente aquela coisa esquisita no ar, do mulherio caçando os homens. Que tipo de gente é esse? Sei que é difícil conhecer homens interessantes. Ter um namorado não é essencial para mim, embora minha vida esteja chata. Mas seria bom telefonar para alguém e contar como está sendo meu dia. Mesmo não tendo nada especial a dizer, ele ficaria interessado, porque gosta de mim."

Se Nicole, de 25 anos, soubesse que seria tão difícil arrumar namorado depois da formatura, teria se esforçado mais para manter um relacionamento sério ainda na faculdade. "Não sei decidir quando devo me casar e ter filhos – mudo de idéia a toda hora. Mas devia ter investido mais em relacionamentos na faculdade. Era fácil conhecer pessoas interessantes com quem eu tinha afinidades. Já conheci rapazes no escritório, mas não tenho tempo para procurar namorados fora do ambiente de trabalho." Os jovens adultos ainda não encontraram uma resposta prática para a pergunta "Como conhecer alguém?". Pelo contrário, a maioria diz que só encontrou sua outra metade quando não a estava procurando. "Trabalhava o dia todo, chegava em casa cansado e tinha de arrumar energia para conhecer pessoas. Era difícil", afirma Joel. "Conheci minha noiva por acaso, no metrô, quando nós dois estávamos voltando para casa. Acabamos descobrindo que morávamos no mesmo prédio!"

Patrick, formado pela Universidade de Michigan, diz ter encontrado uma forma fácil, ainda que estranha, de conhecer pessoas: foi trabalhar no Japão. "Eu chamo tanta atenção quanto um extraterrestre: sou um entre os três não-asiáticos numa cidade de 20 mil habitantes. Tem tanta gente que me aborda para saber o que eu acho do Japão, ou me convida para jantar, que eu preciso recusar de vez em quando. Mas não me iludo: se eu voltar aos Estados Unidos, as coisas vão ficar mais difíceis e serei de novo apenas mais um no meio da multidão. Pelo menos, é isso o que meus amigos da faculdade me dizem. Talvez eu acabe ficando no Japão."

Novo estilo de vida

O problema para os recém-formados é que eles precisam adaptar-se a um estilo de vida totalmente diferente, e isso atinge trabalho, vida social e situação financeira. Depois de muitos anos de mordomias familiares, de repente eles têm de resolver problemas por sua conta e risco. Não há indulgências nem redes de proteção. As pessoas não oferecem ajuda por acreditar que isso é desnecessário, que a vida dos jovens é uma festa, que não há fase melhor da vida do que os vinte e poucos anos, etc. etc. "Ainda hoje as coisas parecem irreais", afirma Ashley. "Eu ficava esperando pelas férias escolares. Ainda me lembro delas. Demorou muito para eu perceber que precisava trabalhar e que minha vida agora é esta. Depois que me formei, saía todas as noites. Agora caí na real. Prefiro ficar em casa e assistir a um filme."

A passagem do tempo resolve uma parte do problema. Só a experiência de adulto ensina uma pessoa a agir como adulto. Isto não quer dizer que o aprendizado seja fácil. "A universidade ensina muita coisa, mas há certas experiências nessa transição para as quais simplesmente não estamos preparados", diz Claudia. Rick critica o paternalismo excessivo das instituições de nível superior. "A faculdade deveria ser a porta de entrada para a independência, mas muitas delas viraram uma redoma", afirma.

Embora exista um objetivo definido – que é alcançar o diploma –, as faculdades têm uma agenda razoavelmente flexível, que não se reproduz no mundo real. "A maior parte das pessoas de minha geração tem essa mesma opinião: a transição da faculdade para o mundo real foi dificílima, porque o estudante é arrancado a fórceps de um ambiente onde tinha grande liberdade", afirma Kevin. "Na faculdade, você tem aulas e responsabilidades, mas tudo é flexível. Se você está cansado, pode faltar a uma aula e depois recuperar a matéria com algum colega. Depois da formatura, você cai num mundo onde precisa acordar e estar no trabalho na hora certa. Eu tenho de ficar sentado oito horas por dia, às vezes sem ter nada para fazer, mas tenho que ficar lá, à disposição. Eu me pergunto: 'Por que estou sentado aqui, desperdiçando tempo? Eu queria estar fazendo outra coisa.' Na faculdade, se eu não conseguia me concentrar, ia até o ginásio, corria ou ficava um pouco com os amigos e depois voltava ao problema. Mas no escritório você fica sentado. Pode mandar uns e-mails ou telefonar, mas nada que ajude a manter a cabeça arejada. Sob o aspecto psicológico, isso é desanimador. Faria mais sentido se pulasse do ensino médio – em que a agenda é mais dura – diretamente para o mercado de trabalho. O choque seria menor. Durante quatro ou cinco anos de faculdade, você fica mergulhado num ambiente liberal e intelectualmente instigante. Aí você é tragado por um escritório cheio de normas."

Para Kevin, a mudança foi difícil porque não percebeu o que viria pela frente. "Mesmo se você tem a sorte de conseguir um estágio, nem sempre ele reflete de forma realista o que é esse emprego. Eu fui estagiário na IBM, onde fazia muito pouca coisa, por isso não pude ter uma visão das tarefas. Foi um desperdício de três meses, embora eu tenha ganho algum dinheiro", diz. Em seu emprego atual, Kevin ressente-se de não ter projetos bem definidos, com objetivos e resultados claros, como existiam na faculdade. Há o problema extra de que ele tem uma personalidade inquieta. "Não consigo ficar lá sentado oito horas e ser produtivo o dia inteiro. Eu me sinto péssimo quando vou para casa porque acho que não fiz nada que prestasse. Estou nesse emprego há um ano e o sentimento de culpa diminuiu, mas sinto que minha produtividade se arrasta. Estou muito insatisfeito. Acho que deveria voltar a estudar."

Como o mundo do trabalho está em transformação, Kevin tem ilusões de que as empresas um dia facilitem a transição dos recém-formados, inclusive para torná-los mais produtivos. "Seria sensacional se uma companhia chegasse para mim e oferecesse um ambiente de trabalho flexível. Em vez de eu trabalhar 40 horas por semana, eu teria um certo volume semanal de tarefas, que eu deveria cumprir trabalhando no escritório ou em casa. Eu me sentiria mais estimulado e isso reforçaria os laços de lealdade com a empresa. É muito frustrante que ninguém pense nisso."

Enquanto a mudança não vem, pessoas como Will, formado pela Universidade de Richmond, na Virgínia, tentam desenvolver defesas para migrar da alegre anarquia da faculdade para o ambiente às vezes cinzento do trabalho. Em seu primeiro emprego depois da faculdade, Will começava a trabalhar de tarde e dava expediente até as 11 da noite – depois saía para beber com os amigos. Cansou-se do trabalho e arrumou um outro emprego com mais responsabilidades, mas voltava ao trabalho de manhã. Logo percebeu que precisava assumir uma postura mais séria. "Ficou difícil equilibrar o ímpeto de sair para beber e a obrigação de trabalhar de manhã. Eu tive dificuldade em me adaptar e demorei um tempo para chegar ao equilíbrio." Will saiu para tomar cerveja com um supervisor e ouviu um comentário que azedou a noite. A avaliação dos superiores era que a gandaia noturna estava afetando sua produtividade matinal.

Seu emprego estava por um fio. "Me faltava maturidade. Eu não estava pronto para ser adulto. Tinha a opção de continuar com minha vida boêmia e ser despedido ou tomar jeito e continuar. Como eu era um idiota inteligente, consegui manter o emprego. Faz cinco anos que saí da faculdade e continuo a ser do tipo 'Vamos dar uma zoada por aí?'. Mas ao mesmo tempo sei que tenho de estar no trabalho de manhã. É difícil conciliar as duas coisas. Agora, espera-se que eu seja um adulto respeitável." Will aprendeu com o susto, afastou-se da boemia, mas continua em crise com o emprego. "Depois de quatro anos fazendo a mesma coisa, estou angustiado", afirma Will. "A empresa onde comecei a trabalhar era divertida, pequena, pra frente, legal, mas agora virou um ambiente normal como o de qualquer companhia. Eu não passo de um parafuso na engrenagem. Sou apenas alguém que fica sentado lá. Deixei de ser alguém reconhecido como pessoa."

Claudia também teve problemas em adaptar hábitos arraigados de estudante à rotina de adulta. "Fiquei felicíssima quando arrumei um emprego bem próximo da universidade que freqüentei. Os amigos estavam perto de mim e eram um convite para a vida noturna agitada. Imaginei minha vida como uma extensão dos tempos de faculdade, e isso nem de longe era verdade. Não agüentei. Não dava para sair à noite e depois ter de acordar cedo e não poder tirar uma soneca depois do almoço. Aprendi que os programas com os amigos não podiam ser feitos espontaneamente; eles precisavam ser planejados com uma semana de antecedência." Ela atingiu o equilíbrio quando mudou de emprego e de cidade, afastando-se do ambiente universitário que dispersava sua atenção.

De volta aos estudos

Alguns jovens adultos fazem pós-graduação não apenas para se qualificar, mas também para prolongar o estilo de vida de faculdade e amenizar a transição para a vida adulta. É um jeito de adiar a entrada no mundo do trabalho e ganhar tempo para pensar no futuro. Mas o mestrado não é uma saída para todos. Se o jovem tinha dúvidas vocacionais antes da pós-graduação, anos a mais de estudo numa área pela qual ele não tenha uma forte inclinação talvez agravem o problema.

Justine resolveu fazer mestrado para prolongar sua estada na universidade, mas acredita que a pós-graduação ajudou a prepará-la para enfrentar o mercado de trabalho. "As turmas são menores, mais participativas e levam a pensar. O aluno não fica só assistindo a palestras e anotando respostas; ele vai para casa, lê sobre um certo assunto e depois o discute com a turma. E a gente define o material, tenta aplicá-lo à realidade, o coloca em vários cenários, faz perguntas e recebe total atenção dos professores e colegas. A pós-graduação, sem dúvida, tem mais a ver com o mundo real: ela me deu novos interesses, e agora tenho menos dúvidas e menos coisas para verificar e definir."

Ao tentar aproximar sua experiência de pós-graduação com a da faculdade, Justine se tornou membro do grêmio estudantil. Ela organizava eventos sociais, como happy hours, mas era difícil divulgar as atividades porque os estudantes de mestrado não estavam muito disponíveis. "Sob certos aspectos, a pós-graduação não tem nada a ver com a faculdade. Em primeiro lugar, a vida social é diferente porque você está mais ocupado com seus estudos e muita gente trabalha. Na faculdade havia mais tempo para diversões."

Mike diz que o mestrado serviu como uma introdução ao mundo dos adultos. "Na faculdade, todo mundo se entusiasmava por ser calouro. Isso não acontecia no curso de mestrado. As pessoas estavam em etapas diferentes de suas vidas e tinham idades diferentes. O ambiente me abriu a cabeça para muita coisa. Demorou, mas consegui fazer grandes amigos."

O legado da universidade

Felizmente, os jovens reconhecem que, apesar de eventuais frustrações, a experiência da faculdade tem valor inestimável. Além das boas lembranças, dos romances, dos amigos e, é claro, da formação, o recém-formado carrega experiências pessoais valiosas e intransferíveis. Cathy, de 23 anos, de Nova York, diz que a faculdade ensinou a ser menos criança e mais adulta. "Aprendi na faculdade a conhecer e me relacionar bem com outras pessoas. Amadureci muito lá dentro." Lauren, de 26 anos, aprendeu a trabalhar sob pressão. "Eu deixava tudo para a última hora, mas no final, incrivelmente, conseguia cumprir todos os prazos. Claro que não é bom protelar as coisas, mas, hoje, essa habilidade de trabalhar sob pressão é extremamente útil no meu desempenho profissional."

O engenheiro civil João Carlos, hoje com 27 anos, teve uma dura experiência na Escola Politécnica da Universidade de São Paulo. Nascido em Santos, João mudou-se para São Paulo para fazer faculdade e, a princípio, teve problemas sérios de adaptação à cidade e ao curso. Sentia-se isolado, num ambiente hostil. "O paulistano não é de fazer amizade fácil", ele diz. O ambiente extremamente competitivo e as exigências rigorosas dos professores do curso também o assustaram. Esses problemas se converteram em notas baixas e reprovações em disciplinas nos primeiros anos da graduação. "Cheguei a pensar em abandonar tudo", confessa. Depois, foi se adaptando, mas os problemas nos primeiros anos atrasaram a conclusão do curso. Ele demorou sete anos para obter o diploma.

Na reta final, ele conseguiu um estágio numa empresa de projetos, se deu bem no trabalho e tinha a promessa de ser contratado, mas por pouco não perde tudo. No último semestre da faculdade teve problemas com uma matéria e só conseguiu se formar depois de ficar em recuperação. O estresse foi traumático, mas deixou muitas lições. "Tentando me superar na faculdade, desenvolvi minha força de vontade e meu autocontrole e fiquei mais tolerante. Se hoje consigo me concentrar no trabalho, aprendi isso me preparando para as provas", conclui. Há quatro anos, João trabalha na mesma empresa. Curiosamente, os caminhos se abriram para ele: o estágio virou emprego, ele trabalha na área que gosta e é querido pelos colegas e superiores. Talvez a inadaptação inicial ao ambiente da universidade tenha antecipado sua crise de jovem adulto.

Conclusão

Quando contamos a Irving, de 90 anos, que estávamos escrevendo este livro sobre a crise dos 25, ele concordou com a idéia de que o terremoto emocional na faixa dos vinte e poucos anos se assemelha à crise da meia-idade. Mas ponderou que em todas as décadas da vida as pessoas passam por algum período de desequilíbrio. Por isso lhe perguntamos, meio de brincadeira, quais os problemas da crise dos 90 anos. Ele pensou apenas alguns segundos antes de responder: "Encontrar coisas interessantes para fazer. E aprender a lidar com o fato de que muitos amigos já se foram."

Ficamos com um nó na garganta.

Lá estávamos nós, escrevendo sobre uma crise em relação à qual algumas pessoas simplesmente diriam: "Parem de se lamuriar e resolvam logo o problema." Enquanto isso, pessoas que tiveram de lidar com essa crise 65 anos atrás enfrentam um sofrimento muito mais forte e permanente e estão sobrevivendo a ele. Enquanto os jovens adultos se preocupam em encontrar as pessoas que serão seus amigos a vida inteira, os que já estão na faixa dos 90 anos se sentem angustiados porque estão perdendo irremediavelmente esses amigos, o que é muito mais penoso.

Não queremos promover uma competição entre crises nem comparar os sofrimentos de cada pedaço da vida. Apenas queremos chamar a atenção para as agruras dos recém-formados e mostrar que eles sofrem tanto quanto as pessoas de meia-idade e não merecem ser tratados com silêncio e indiferença. É certo que existem muitas vantagens em ser jovem, mas as pessoas sabem quais são elas. Desconhecem, porém, seu "lado sombrio". Como ninguém fala sobre esse assunto, os jovens são surpreendidos e ficam desanimados por acreditar que só eles estão passando por isso.

Na introdução mencionamos que várias culturas sempre utilizaram maneiras peculiares para marcar e facilitar a transição entre ser criança e ser adulto. Em algum período de tempo durante os últimos dois séculos o mundo ocidental passou a considerar a experiência na faculdade como um apoio suficiente para essa passagem. Isso funcionou no passado? Provavelmente. E continua a funcionar? Não. De acordo com os testemunhos de um número enorme de pessoas formadas nos últimos dez anos, os tempos mudaram, os jovens mudaram e a transição também mudou. A crise dos jovens piora à medida que entramos no século XXI, e o primeiro passo para amenizá-la é reconhecer que ela existe de fato.

Muitos jovens demonstraram interesse em participar em um grupo de apoio para recém-formados. Se você desejar informações sobre grupos de apoio, recursos e foros de discussão para jovens, pode acessar o site

www.quarterlifecrisis.com

Reinaldo Domingos

Livre-se das DÍVIDAS

COMO EQUILIBRAR AS CONTAS E SAIR DA INADIMPLÊNCIA

dsop
EDUCAÇÃO FINANCEIRA

Direção editorial: Simone Paulino
Projeto gráfico: Rodrigo Rodrigues
Ilustrações: Ariel Fajtlowicz
Editoração eletrônica: Denise Patti Vitiello
Produção editorial: Renata de Sá
Revisão: Assertiva Produções Editoriais

Av. Paulista, 726 – cj. 1210 – Bela Vista
CEP 01310-910 – São Paulo – SP
Tel.: 11 3177-7800 I Fax: 11 3177-7803
www.dsop.com.br

Dados Internacionais de Catalogação na Publicação (CIP)
(Câmara Brasileira do Livro, SP, Brasil)

Domingos, Reinaldo
Livre-se das dívidas : como equilibrar as contas e sair da inadimplência / Reinaldo Domingos. -- São Paulo : DSOP Educação Financeira, 2011.

ISBN 978-85-63680-17-4

1. Dívidas 2. Finanças pessoais I. Título.

11-04078 CDD-332.02402

Índices para catálogo sistemático:

1. Dívidas : Problemas financeiros pessoais : Economia financeira 332.02402

Dedico este livro a todas as pessoas que, direta ou indiretamente, passaram por minha vida e me ensinaram que é possível ajudar, mesmo quando não sabemos tudo.

Reinaldo Domingos

Agradecimentos

Agradeço a Deus por me dar forças para contribuir com cada pessoa e cada família que passou por minha vida quando atravessava momentos de dificuldade financeira.

Mais do que mostrar o caminho da educação financeira, é preciso confiar, é preciso acreditar, é preciso resgatar a humildade de reconhecer os próprios erros e saber que sempre é possível começar de novo.

Agradeço também a Simone Paulino, minha diretora editorial, por me auxiliar em mais esta obra.

Sumário

INTRODUÇÃO

1. Dívidas de valor

2. Dívidas sem valor

3. Quebrando o ciclo

Introdução

Os dois lados da moeda do endividamento

A sabedoria popular sintetiza em uma frase simples e de grande alcance um dos pontos de partida deste livro. Diz o ditado: "Não adianta remar contra a maré".

Também em relação à educação financeira não adianta remar contra a maré, que, em nosso caso, é a cultura dos financiamentos de curto, médio, longo e longuíssimo prazo à qual os brasileiros estão acostumados. Ou seja, a cultura do endividamento.

Financiar os bens que deseja comprar é, muitas vezes, o atalho pelo qual a maioria das pessoas busca realizar seus sonhos materiais. Não há como negar a legitimidade dessa escolha ou impedir que alguém faça essa opção na vida.

O que resta a fazer, então, em termos de reeducação financeira, num mundo em que a maioria aprendeu a viver com dívidas e sente uma espécie de "vazio" se não tiver algo para pagar em suaves ou pesadas prestações?

A perspectiva a ser desenvolvida neste livro é a de mostrar que é possível viver melhor financeiramente, mesmo com dívidas, e que qualquer pessoa pode encontrar o equilíbrio financeiro, ainda que tenha se comprometido com alguns financiamentos, desde que respeite parâmetros básicos e treine sua visão para enxergar o comportamento em relação às dívidas de forma mais clara e objetiva.

Pode parecer contraditório. Afinal, parte-se do princípio de que quem tem equilíbrio financeiro não possui, ou não deveria possuir, dívidas. Mas isso, como tantas outras coisas na vida, é relativo. Porque uma coisa é ter dívidas; outra coisa é não ter como pagar as dívidas que se tem, o que chamamos de inadimplência.

Um financiamento não é, em si, um problema. Comprar um apartamento financiado não é um problema. Parcelar a aquisição do carro não é um problema. Tampouco financiar o computador sonhado é um problema.

O problema – este, sim, gravíssimo – ocorre quando o financiamento, que deveria ser um atalho para a realização de um sonho, não cabe no orçamento e vira um terrível pesadelo, tirando das pessoas a paz, o sono, a saúde, a alegria de viver e, muitas vezes, o próprio sonho que elas tentaram realizar.

Quantas pessoas você conhece que tiveram de entregar o apartamento comprado porque não conseguiram pagar? Quantas pessoas não tiveram meios para arcar com os compromissos assumidos na compra dos milhões de automóveis zero-quilômetro adquiridos em até 60 prestações, sem entrada, no Brasil, e precisaram devolver o carro para a instituição financeira?

Isso, sim, é um grande problema! E é aqui que refletiremos juntos, buscando soluções, procurando reeducar o olhar para as nossas escolhas, em termos de finanças, e quebrar o ciclo vicioso do endividamento descontrolado.

Estar endividado já é uma realidade para a maior parte da população do Brasil. Estimativas indicam que o endividamento atinge mais de 80 milhões de brasileiros, e, com o crescimento econômico esperado para os próximos anos, o nível de endividamento tende a aumentar.

A perspectiva é de que só para resolver o déficit de habitação no país alguns trilhões de reais serão disponibilizados à população, em forma de financiamento imobiliário. A combinação de mais emprego e renda também significará maior poder aquisitivo para uma parcela crescente da população. O lado bom é que, com mais dinheiro disponível, mais pessoas poderão realizar seus sonhos. Porém, não se pode esquecer o outro lado da moeda.

Se o país já tem milhões de pessoas endividadas, cujos rendimentos estão comprometidos em diversos sistemas de financiamento, nos próximos cinco ou dez anos o volume de indivíduos nessa situação só deverá aumentar.

O resultado mais imediato e negativo dessa perspectiva é que mais pessoas terão pouca ou nenhuma margem de segurança financeira para enfrentar eventuais adversidades enquanto estiverem presas às dívidas.

Quem compromete seus rendimentos por prazos muito longos se torna refém dos imprevistos e das oscilações econômicas. Daí a urgência de estabelecer um controle e um acompanhamento financeiro eficazes, inclusive para fazer a dívida, evitando que o sonho se transforme em pesadelo.

A questão é que o brasileiro não aprendeu a se organizar financeiramente, a poupar antes de comprar. Isso o torna "presa fácil" das facilidades do crédito, do qual geralmente lança mão, sem ter muito claro as consequências dessa escolha. Assim, aquilo que num primeiro momento pode parecer a melhor solução do mundo para a falta de dinheiro no bolso vira uma bola de neve com alto poder de destruição.

O problema não se restringe ao Brasil. No mundo todo, as economias em desequilíbrio refletem o despreparo de cada um, individualmente, para gerir com responsabilidade e equilíbrio suas finanças pessoais, criando riqueza para si e para os outros.

Naturalmente, o endividamento tem uma relação direta com as bases do consumo inconsciente e com a já gasta concepção de que, em nosso tempo, é mais importante ter do que ser. De tal forma que todo mundo precisa do tênis da moda, do celular mais moderno, da TV com mil recursos, do carro mais potente, da casa mais confortável etc. para se afirmar como ser humano.

Na busca por essa inserção, há quem se endivide até o pescoço para conseguir de alguma forma estar por dentro da sociedade de consumo. É claro que não dá para ir totalmente contra algo já plenamente estabelecido como o modo de vida da maioria. Mas podemos e devemos conscientizar as pessoas das implicações desse tipo de comportamento em relação ao dinheiro, bem como de seus reflexos no presente e no futuro.

No auge da crise econômica nos Estados Unidos, os norte-americanos endividados desesperavam-se e diziam estar perdendo tudo o que tinham. Mas, na verdade, muitos deles nunca tiveram coisa alguma!

Viviam (e ainda vivem) enredados numa "teia de aranha" de financiamentos de todos os tipos: hipotecas de 30 anos da casa própria, carros financiados em dezenas de parcelas, aparelhos eletrônicos de última geração comprados em cartões de crédito que não foram quitados no vencimento.

Era como se vivessem e trabalhassem apenas para pagar uma espécie de taxa de usufruto dos bens, um aluguel eterno, sem nunca serem donos de verdade de coisa alguma e com uma forte sensação de insegurança quanto ao futuro.

Veio a crise e, com ela, o desemprego. Muitos, sem ter como pagar as parcelas mensais desses bens, perderam tudo. Houve quem passou a morar em barracas ou dentro dos carros, sem ter como continuar pagando a hipoteca de sua casa.

Tarde demais, deram-se conta de que viviam numa bolha financeira, numa espécie de mundo de ilusão. A crise e o desemprego estouraram a bolha e, de repente, os norte-americanos se viram completamente desprotegidos, porque tinham pouca ou nenhuma sustentação financeira para enfrentar os momentos de dificuldade.

Isso tudo, como já foi dito, resultou de décadas de consumo inconsciente. E o que é o consumo inconsciente? Nada mais que o hábito – ou vício – em alguns casos, de comprar sem pensar, a qualquer preço, de qualquer jeito, sem refletir sobre o impacto daquela aquisição no equilíbrio financeiro individual, familiar e social.

O que vem acontecendo em nosso planeta, em termos de alteração climática, resulta de um processo semelhante: o consumo inconsciente dos recursos naturais. Nada mais, nada menos do que o hábito, ou vício, de usar os recursos naturais não renováveis sem pensar, de qualquer jeito, em nome do progresso.

A questão financeira que se impõe, portanto, é tão grave quanto a preservação do planeta!

Não há escapatória: precisamos pensar, com consciência, em como preservar a nossa capacidade de nos sustentar ao longo da vida, cuja expectativa é cada vez mais alta – já estimada em aproximadamente 80 anos no Brasil.

Como viver até os 80, 90, 100 anos com sustentabilidade financeira, ou seja, com dignidade, sem depender dos outros ou do governo? Até porque os próprios governos estão endividados e, cedo ou tarde, podem não ter como pagar suas contas – entre elas a Previdência Social, que hoje sustenta (de forma bastante precária) milhões de pessoas em todo o mundo.

E mais: precisamos refletir sobre a herança que deixaremos

para as gerações futuras. Não necessariamente em termos de patrimônio financeiro, mas de consciência financeira.

É importante deixarmos florestas preservadas e conservá-las, para que as pessoas possam continuar respirando nos próximos séculos e milênios? Sem dúvida! Mas é importante também deixarmos bons hábitos financeiros preservados e conservá-los, para que, a partir deles, possamos criar um futuro de prosperidade.

Entretanto, em uma sociedade que nos ensinou a viver enforcados por dívidas, como podemos garantir a sustentabilidade da nossa existência financeira? Uma das respostas é: endividando-nos com responsabilidade. Isso mesmo! Neste livro, vou demonstrar que até para fazer uma dívida é preciso ter responsabilidade.

Do contrário, o preço a pagar pode ser alto demais, porque o endividamento inconsciente é capaz de destruir uma vida!

Basta pensar nas noites de sono perdidas com a preocupação de não poder pagar a conta que está por vencer, nos desentendimentos entre casais por causa da falta de dinheiro (não raramente podendo levar a separações), no exemplo negativo de irresponsabilidade que se deixa para os filhos quando não se consegue ter uma vida financeira em equilíbrio.

Sem contar os casos mais graves, quando o endividamento fere de tal forma a autoestima da pessoa que ela, ao não dar conta de suas atribuições financeiras, entra em um estado de abatimento profundo, que pode evoluir para uma grave depressão ou jogá-la numa roda-viva de estresse, levando até mesmo a um enfarto precoce ou coisa pior.

Em quase 100% dos casos, as pessoas passam por esse tipo de situação-limite porque se endividaram além da conta, além da sua verdadeira capacidade de pagamento, e sem refletir sobre o valor real da dívida que estavam assumindo.

Com isso, tornaram-se escravas do trabalho ou de suas empresas, precisando ganhar cada vez mais, não para realizar seus sonhos ou para ter tranquilidade no futuro, como seria desejável, mas para pagar a conta do comportamento inconsequente que tiveram em relação ao dinheiro.

Ou, então, foram transformadas em escravas das instituições financeiras, nas quais acabam deixando quase todo o dinheiro que ganham, em forma de juros e taxas que inviabilizam seu padrão de vida, sua sustentabilidade e independência financeira.

E o mais cruel de tudo é que, enquanto estiverem comprometidas com esse passado impensado, estarão praticamente impedidas de crescer e de sonhar com novos horizontes no futuro. Porque, para crescer financeiramente, é preciso ter reservas, poupar, administrar bem o dinheiro, a fim de aproveitar aquelas oportunidades que parecem surgir apenas para quem está pronto.

Ciente da importância do equilíbrio financeiro para o desenvolvimento pessoal e coletivo, o Governo Federal assinou, em 22 de dezembro de 2010, o Decreto 7.937, que instituiu a ENEF – Estratégia Nacional de Educação Financeira. Trata-se de uma iniciativa providencial, que tem entre seus objetivos os de contribuir para o consumo mais responsável da população, assegurar a conscientização dos brasileiros quanto aos riscos assumidos nos processos de endividamento e reforçar a estabilidade e a confiança no Sistema Financeiro Nacional.

Por isso, o objetivo deste livro é ajudar você a reconstruir as bases da sua vida financeira, atacando especificamente o seu principal adversário: o endividamento inconsciente.

Você verá que ter dívidas pode não ser a pior coisa do mundo, mas que saber administrar bem as dívidas que se tem é fundamental para tornar a existência financeira muito mais leve do que costuma ser para a maioria das pessoas. O fato é que

quem tem prestações tem dívidas; quem tem dívidas paga juros e, certamente, realizará menos sonhos em sua vida.

Todo ser humano busca a felicidade, porém de maneiras muito diversas. Sempre haverá quem diga que dinheiro não traz felicidade. Mas, para muitas pessoas, ser feliz é poder deitar a cabeça no travesseiro à noite e dormir em paz, sabendo que seus compromissos foram cumpridos e tendo a esperança de que dias melhores virão. E isso só é possível para dois tipos de pessoas: aquelas que não têm dívidas e aquelas que têm dívidas de valor e estão em dia com elas. Só essas pessoas poderão dizer de verdade que dormem tranquilas, sonhando com um futuro mais próspero.

Por isso, mesmo que você esteja completamente endividado, neste livro encontrará o caminho para se livrar das dívidas que não agregam nenhum valor à sua vida, aprendendo a conviver com as dívidas de valor – aquelas que você contraiu porque queria crescer materialmente, ampliar seu patrimônio e construir seu espaço no mundo. Essas, sim, merecem seu respeito, sua atenção e seu empenho, para que estejam sempre em dia.

Você verá também que, ao aprender o que agrega e o que não agrega valor à sua qualidade de vida, será possível até mesmo poupar e, com isso alimentar sonhos ainda maiores, começando a construir hoje o futuro que você sonha ter amanhã.

1

DÍVIDAS DE VALOR

O sonho da casa própria

Estabelecer o que tem valor verdadeiro ou não é uma tarefa difícil, já que o valor é algo muito subjetivo e pode variar de pessoa para pessoa, de cultura para cultura e de um período histórico para outro.

Mas, para efeito de compreensão dos mecanismos do endividamento financeiro na nossa cultura, podemos nos basear na percepção, confirmada em várias pesquisas, de que o brasileiro dá um valor muito grande a dois itens principais: casa própria e automóvel.

Esses são, de modo geral, os principais sonhos de consumo da população, e não há como negar que cada um deles agrega realmente algum tipo de valor à qualidade de vida.

Ter uma casa digna, por exemplo, é fundamental para que as pessoas se sintam abrigadas, protegidas e respeitadas como seres humanos. Trata-se de uma questão de cidadania. Ter um automóvel é outro sonho justificável, sobretudo para quem vive nas grandes cidades brasileiras, cujo tamanho, associado ao insuficiente sistema de transporte coletivo, ainda faz do carro um item importante no dia a dia.

Partiremos do princípio, portanto, de que fazer dívida para comprar uma casa ou um carro pode ser entendido como um endividamento de valor em nossa cultura. Mas vejamos as principais questões envolvidas nesses endividamentos.

É muito comum as pessoas, até mesmo aquelas que já atingiram uma idade avançada, dizerem: “Meu maior sonho na vida é comprar uma casa própria”. Excelente! Esse é mesmo um belo sonho, mas não basta realizar o sonho de *comprar* a casa própria. É preciso alcançar o sonho maior, que é *pagar* a casa própria! E para isso é necessário ter consciência e respeitar o meio que levará à plena realização desse sonho: o dinheiro.

O mesmo acontece com os recém-casados, que atualizam, dia a dia, o velho bordão de que "Quem casa quer casa". De fato, casar e ter uma casa são marcos, ritos de passagem para a vida adulta.

Quando, depois de casado, você sai da casa dos pais para a sua "casa própria", em companhia do seu marido ou esposa, está entrando no mundo adulto das finanças compartilhadas, e isso faz parte do movimento natural da vida.

Com as mudanças socioculturais das últimas décadas, outra situação comum é a de jovens bem-sucedidos em suas carreiras optarem por comprar seus apartamentos e saírem da casa dos pais antes mesmo de casar.

Ou pessoas separadas que, após pagar, em geral com sacrifício, o primeiro imóvel (o qual quase sempre acabam deixando para os filhos), se veem de novo diante do desafio de adquirir uma casa.

Além daquelas pessoas que, por livre e espontânea vontade, decidiram não se casar, mas nem por isso deixaram de lado o sonho de ter uma casa própria.

Ou seja: todo mundo quer ter uma casa, qualquer que seja sua fase ou estilo de vida. Trata-se de um bem cujo valor é inegável.

Se tivéssemos o hábito de guardar dinheiro para os sonhos de curto, médio e longo prazo, certamente seria possível comprar uma casa própria em até 1/3 do tempo que demora para tê-la por meio do financiamento.

Mas, para isso, para adquirir esse bem, o caminho mais rápido encontrado pela maioria das pessoas foi e continua sendo financiar o imóvel. No Brasil, esse tipo de financiamento pode ser feito em até 30 anos. Em princípio, isso poderia parecer simplesmente maravilhoso, porque democratizaria o acesso à casa própria – isso se o sistema não acabasse, muitas vezes, sendo

prejudicial para quem não tem consciência das responsabilidades implicadas no financiamento.

Em muitos casos, o raciocínio de quem se lança em um financiamento imobiliário é o de que vale mais a pena pagar prestações durante 10, 20 ou 30 anos e, no final, poder dizer "a casa é minha" do que pagar aluguel por 10, 20 ou 30 anos, sem jamais ser dono da casa onde mora.

Em outras palavras, poderíamos dizer que, por esse ângulo, o financiamento da casa própria funcionaria como uma espécie de aluguel, com possibilidade de compra no final, não deixando de ser, como tal, uma opção inteligente. Até porque quem conseguir manter um bom equilíbrio e controle financeiro poderá diminuir o tempo de financiamento, pagando antecipadamente as parcelas. Com isso, será possível um melhor aproveitamento do dinheiro investido, diminuindo o valor dos juros embutidos nas parcelas do financiamento e realizando em menos tempo o sonho mais importante, que é o de quitar a casa própria. Mas, em geral, não é isso o que acontece.

Levar um e pagar três é um bom negócio?

O que pode transformar o sonho da aquisição da casa própria em um pesadelo são as atitudes impensadas em relação a várias questões indiretas envolvidas no processo de compra. É muito comum, por exemplo, não se fazer o cálculo total do valor que será efetivamente pago pelo imóvel ao final do financiamento. O raciocínio mais comum é feito apenas com base no valor da prestação. Saber que a prestação da casa própria cabe realmente no orçamento é fundamental, como veremos. Mas é igualmente necessário ter a dimensão exata do tamanho da dívida que se está contraindo. Consciência é a palavra-chave!

Para alguém que decida comprar um apartamento de 100 mil reais, não basta saber que o valor da prestação será, digamos, de mil reais mensais. É preciso ter muito claro que o custo final do imóvel, que seria de 100 mil reais, pode saltar para mais de 350 mil reais, se financiado em 30 anos. Ou seja, você pagará o valor correspondente a mais de três imóveis, mas terá direito a apenas um! Trata-se de um bom negócio? Depende.

Veja abaixo a simulação da compra de um imóvel conforme exemplo acima:

Forma de aquisição	Prestação mensal (R$)	Aluguel mensal (R$)	Aplicação mensal (R$)	Prazo pagamento (anos)	Total pago (R$)
Poupar sem pagar aluguel	-	-	1.034	6	100.000
Poupar pagando aluguel	-	400	634	9	100.000
Consórcio	987	-	-	10	201.000
Financiamento	1.034	-	-	30	372.000

Taxa de juros de 0,7% ao mês.

Observe que, no exemplo acima, ficou constatado que a opção mais adequada depende da disponibilidade de recursos de cada pessoa e do tempo que ela está disposta a esperar.

É possível, por exemplo, guardar dinheiro por 6 anos e adquirir o imóvel à vista, aplicando o dinheiro poupado em uma modalidade conservadora, ou adquiri-lo em 9 anos guardando a diferença entre o valor do aluguel e o valor da prestação do imóvel. Além da possibilidade de compra pelo sistema de consórcio, cuja

vantagem está no fato de ser uma forma de aquisição que não é acrescida de juros, embora não se possa esquecer da taxa de administração cobrada pela empresa do consórcio, que, se não for bem negociada, pode dobrar o valor do imóvel.

Há ainda outros tipos de financiamentos, nos quais as parcelas mensais diminuem ao longo dos anos. Mas, mesmo assim, é fundamental ficar atento, pois, também nesses casos, o valor de um único imóvel pode chegar a aproximadamente o preço de dois e meio.

A mesma cautela deve ser tomada por quem opta por comprar apartamento diretamente com as incorporadoras. Grande parte delas facilita a compra do imóvel com pequenas entradas ou prestações que cabem no bolso durante a construção do prédio, o que geralmente leva de três a quatro anos. No entanto, em geral, quando a obra é entregue, ainda falta um valor muito alto a ser quitado, que pode ser equivalente ao valor de mais de um apartamento.

Portanto, além de projetar o custo total, é importante que você pesquise sobre a empresa que construirá o prédio, pois não é raro encontrar pessoas que perderam dinheiro porque a construtora não honrou seu compromisso. Outro risco que precisa ser considerado é o impacto financeiro gerado no momento da chamada "entrega das chaves", quando costuma haver mais uma parcela pesada a ser paga, para a qual é preciso se planejar e poupar.

Seja como for, saber que o apartamento que custa 100 mil reais pode passar a custar mais de 350 mil reais, se financiado em 30 anos, não vai necessariamente fazer com que você desista do sonho; muito pelo contrário. Mas talvez você pense duas vezes e decida poupar parte do valor durante alguns anos e só então partir para o financiamento, por um prazo menor, pagando assim um valor final mais justo, em vez de pagar o valor de três apartamentos e só levar um.

A importância de projetar os custos indiretos

Antes de chegar na etapa final da construção do imóvel (quando adquirido na planta) ou da aprovação do financiamento, você deve projetar o orçamento considerando os custos com o condomínio, rateios e toda e qualquer despesa além da prestação.

É preciso ter certeza absoluta de que a aquisição caberá no seu orçamento financeiro mensal. Aqui, o cuidado deve ser redobrado, porque a tendência natural é fazer cálculos *grosso modo*, sem considerar detalhes que farão toda a diferença.

Um deles é saber qual será o valor do condomínio (se for apartamento) e do IPTU. Se a sua prestação é de mil reais por mês e você tem absoluta convicção de que dará para pagá-la, talvez sua certeza se abale ao saber que o condomínio custará, digamos, 500 reais e, além disso, haverá uma taxa mensal de IPTU de cerca de 60,00 reais. Calculando tudo, o custo mensal poderá passar de mil reais para 1.560,00 reais, por exemplo.

Também é necessário levar em conta toda a infraestrutura de serviços do bairro onde o imóvel está localizado. Como já descrito no livro *Terapia Financeira*, um dos princípios do equilíbrio financeiro é manter-se dentro do padrão de vida permitido por seus rendimentos.

Portanto, ao comprar uma casa, é necessário verificar se o bairro lhe permitirá manter-se dentro do seu padrão, com supermercados, lojas, escolas e outros serviços a preços compatíveis com sua renda.

Esse detalhe, que pode parecer irrelevante, faz muita diferença no resultado final das finanças, pois a variação do custo de vida de um bairro para outro pode chegar a mais de 50%.

Então, certifique-se de que a mudança de casa não acarretará aumento nas suas despesas mensais básicas, justamente no período em que as contas precisarão estar rigorosamente em dia para não comprometer a realização do seu sonho.

É comum também subestimar uma série de outros custos decorrentes da mudança, em especial quando se trata de uma casa nova, recém-construída.

Todo o sistema de financiamento se vale do sonho e da inconsciência do comprador, da tendência natural humana de não olhar a realidade tal como ela é, preferindo enganar a si mesmo quando conveniente.

Meu objetivo aqui é fazer exatamente o oposto: ampliar a consciência durante a tomada de decisão em relação às dívidas, examinar com lupa detalhes que fazem toda a diferença na saúde financeira individual e coletiva, conhecendo os desdobramentos da dívida antes, durante e depois de contraída.

O perigo de idealizar o imóvel novo

Muitas famílias saem aos finais de semana para visitar apartamentos decorados, que parecem um verdadeiro sonho para quem quer ter a casa própria. Entretanto, o que muita gente não sabe é que a decoração completa, da forma que é exposta nos estandes, custa, aproximadamente, 40% do valor do imóvel.

Por mais que o momento de compra do imóvel (principalmente o primeiro) tenha muito de encantamento – afinal, trata-se realmente de um sonho –, é preciso raciocinar bem e, principalmente, não esquecer que todo percurso tem suas pedras no meio do caminho.

Quando você visita um apartamento decorado, por exemplo, tudo está completo, decorado com capricho, valorizando cada

espaço. Essa imagem ideal se fixa no seu pensamento e, toda vez que você pensa na casa nova, vem à mente a visão daquele apartamento absolutamente perfeito.

Mas, lógico, o apartamento do qual você receberá as chaves será bem diferente daquele. Em geral, a construtora entrega a você basicamente as paredes e a estrutura mínima de banheiro e cozinha. Nem mesmo o piso da sala e dos quartos está incluído na compra.

Naturalmente, para se mudar para a casa nova, você terá de comprar tudo isso: piso, box e aquecedor, para dizer o mínimo, sem contar armários, eletrodomésticos, cortinas, luminárias e todo o restante.

A situação piora se você, incentivado pela imagem idealizada da casa e pela sensação de que tudo será diferente dali em diante, cair na ilusão de montar o apartamento tal qual estava no *show-room*.

É claro que é sempre mais prazeroso imaginar a casa completamente nova, e não há quem escape da tentação de deixar móveis e eletrodomésticos da casa antiga para trás, sonhando com a possibilidade da renovação total. Mas pense bem: Como comprar todos os itens incluídos no apartamento decorado sem ter um único centavo guardado?

A resposta, consciente ou inconsciente, da maioria das pessoas é: comprando hoje para pagar depois. Ou seja, endividando-se. Mas esse é um erro fatal! Porque com isso você estará ultrapassando toda a sua capacidade de pagamento e inevitavelmente terá problemas para arcar com todos esses compromissos em seu orçamento financeiro.

Portanto, o ideal é que, ao comprar um apartamento novo, você tenha pelo menos 40% do valor total do imóvel reservado para custear as despesas de instalação. Do contrário, todos

esses custos que você não considerou detalhadamente irão, aos poucos, se infiltrando em seu orçamento, corroendo toda a sua estrutura financeira.

Reserva estratégica

Também é importante lembrar que na transação de compra e venda você terá de considerar os custos de documentações, como escritura, certidões, despesas com cartório e registro de imóveis. Portanto, a reserva financeira que deverá ser acumulada assume um papel ainda mais decisivo no seu equilíbrio financeiro.

Outro cuidado fundamental é ter uma reserva de pelo menos 12 meses do valor da prestação, para que, numa eventualidade, você possa mantê-las em dia, evitando pagar multas e juros sobre juros e protegendo-se da inadimplência e do risco de desequilibrar o orçamento ou perder o imóvel por não conseguir pagá-lo.

Você pode estar pensando: "Ah, mas isso é exagero! Eu tenho um trabalho estável, não preciso me preocupar tanto com o futuro!". Engano seu. Mesmo se você for um funcionário público, com estabilidade, ou um pequeno empresário muito bem-sucedido, nunca se sabe o que pode acontecer de um dia para o outro. É sempre melhor prevenir do que remediar.

Imagine, por exemplo, que um de seus pais, que não tenha plano de saúde, precise de uma internação, um tratamento longo ou coisa parecida e que só você possa ajudá-lo neste momento. Você relutaria entre atrasar a prestação do seu apartamento ou fazer a intervenção médica necessária para salvá-lo? Provavelmente não. Portanto, ter uma reserva das prestações pode ser uma questão de vida ou morte!

Já fiz uma dívida da casa própria acima das minhas possibilidades e estou com problemas para pagar. O que fazer?

Tudo o que dissemos até aqui se aplica a quem está pensando em adquirir uma casa própria ou planejando fazer isso. Ou seja, são orientações para quem está entrando no endividamento neste momento da vida.

Mas digamos que o seu caso seja outro, que você já tenha ultrapassado essa etapa e adquirido o imóvel, sem antes ter ponderado adequadamente todas essas questões. E imaginemos que você já esteja sentindo na pele as dificuldades para honrar o compromisso assumido. O que fazer?

Nesse caso, posso imaginar duas situações, e certamente uma delas se aplicará a você. Digamos que você adquiriu seu bem sem pensar em tudo o que foi dito anteriormente e só agora se deu conta de que o financiamento do seu imóvel, que tem um valor imenso para você e sua família, não está cabendo no orçamento.

Imaginemos que você vem, já faz algum tempo, pagando as prestações atrasadas, com juros e multas, o que só complica a situação, porque a prestação acrescida de juros e multas se torna mais difícil de pagar, pesando ainda mais no orçamento.

Talvez, para pagar as prestações atrasadas que se acumulam ao longo do ano, você venha usando todo o seu décimo terceiro e suas férias ou fazendo novos empréstimos bancários – ou ainda fazendo muitas horas extras ou *freelancers* para conseguir cumprir esses compromissos. Mas, naturalmente, passados um ou dois meses, as prestações voltam a se acumular, porque na realidade estão acima da sua capacidade de pagamento.

Pode ser também que você venha fazendo acordos, de tempos em tempos, com o banco ou com a construtora, parcelando as prestações em atraso, mas sem conseguir colocá-las totalmente em dia – afinal, em vez de diminuir o valor pago mensalmente, o acordo só faz aumentar a necessidade de recursos, inviabilizando ainda mais o pagamento, porque seu rendimento líquido vem se encurtando mês a mês.

Diante de tal situação, em vários momentos, você já considerou a possibilidade de simplesmente entregar o apartamento e livrar-se definitivamente da dívida.

Mas aí você pensa melhor, imagina o quanto seria difícil desistir do seu sonho, principalmente se falta pouco tempo para quitar o imóvel... Ou, ainda, se pega tentando imaginar o quanto seria triste ficar sem o seu canto e voltar a pagar aluguel, depois de anos de sacrifício, tendo de recomeçar do zero.

Pois tenha calma! Se você vem pagando com dificuldade, mas paga, seu caso pode não ser tão grave assim, e entregar o imóvel talvez não seja necessário.

Diagnosticar antes de agir é o primeiro passo

Antes de tomar qualquer decisão, você precisa, urgentemente, fazer um diagnóstico da sua vida financeira. Isso mesmo! Você deve ter uma fotografia de alta definição de como vem conduzindo suas finanças. Pois, acredite, talvez os recursos de que você precisa para viabilizar o pagamento da sua principal dívida estejam ao alcance da sua mão.

A essa altura você deve estar pensando: "Impossível, pois o dinheiro que eu ganho não está sendo suficiente para pagar a casa!". Mas eu pergunto: Você já parou para pensar no dinheiro que gasta e não sabe para onde vai? Pois é aí, provavelmente, que está o problema; e veja que é aí também que está a solução.

Se você fizer um diagnóstico preciso das suas finanças, seguindo a Metodologia DSOP, disponível no livro *Terapia Financeira*, é provável que perceba que, com os ajustes necessários no orçamento, poderá pagar a dívida da sua casa própria com mais tranquilidade do que imagina.

A Metodologia DSOP de Educação Financeira consiste em quatro pilares: Diagnosticar, Sonhar, Orçar e Poupar. Ao aplicá-la passo a passo, você certamente resgatará o controle de sua vida financeira.

Num primeiro momento, você pode achar que isso é impossível, porque parte do princípio de que não há o que cortar de gastos em um orçamento que já considera apertado. Mas tenha certeza de que sempre haverá o que cortar e o que remanejar em

prol da realização do seu principal sonho: o pagamento da casa própria e o fim da sua dívida mais pesada.

Faça o apontamento de suas despesas por 30 dias, registrando tudo – até mesmo os pequenos gastos, como cafezinho e gorjetas. É preciso descobrir para onde está indo cada centavo do seu dinheiro. Com essas informações muito claras na cabeça, será possível fazer o remanejamento necessário do dinheiro de que você dispõe.

É imprescindível reunir a família, para que todos estejam juntos nessa missão. Inclua até mesmo as crianças, porque, quando todos estão juntos, as chances de sucesso são maiores.

O importante é que, no seu caso, com uma boa reestruturação das finanças, é bem possível que não seja necessário devolver o imóvel. Uma medida necessária e bem mais razoável talvez seja repactuar a dívida, alongando os prazos, de modo que ela caiba no seu orçamento.

Se a decisão for repactuar a dívida, é importante olhar com clareza o cenário para, pelo menos, os próximos 12 meses. A principal pergunta que você deve fazer a si mesmo, e responder com sinceridade absoluta, é: Será possível arcar com o valor do novo pacto e honrar o novo compromisso, considerando o IPTU, e condomínio (se for o caso)?

Porque você pode até conseguir renegociar o financiamento, mas seu condomínio e seu IPTU continuarão altos, inviabilizando a manutenção do imóvel e tornando seu esforço vão.

Por isso, é necessário ter um diagnóstico preciso da sua situação financeira antes de tomar qualquer decisão, para que tudo seja feito com base em um orçamento real – e não em uma visão aproximada da sua disponibilidade financeira, que, no final das contas, pode se revelar insuficiente para permitir a realização do seu sonho.

Medidas drásticas para situações extremas

Mas pode ser que sua situação seja muito mais grave do que a descrita anteriormente. Se esse for o caso, é preciso tomar atitudes mais drásticas, ainda que sejam amargas.

Muitas vezes me perguntam: "Mas, Reinaldo, como é que eu faço para avaliar quando a situação é grave o bastante para tomar a decisão radical de entregar o imóvel?".

Em primeiro lugar, como eu disse, é preciso que você saiba em detalhes qual é a sua situação financeira, fazendo um diagnóstico preciso do dinheiro que entra e do dinheiro que sai, calculando exatamente o quanto você ganha e o quanto gasta em cada item de consumo, diariamente. Com isso, será possível calcular a sua real capacidade de pagamento mensal, algo que, naturalmente, deveria ter sido feito antes, mas que nunca é tarde para colocar em prática.

Mesmo que você constate que a sua capacidade de pagamento tenha sido mal dimensionada, de modo geral – se você tem rendimentos regulares, – quase sempre é possível reorganizar as finanças e ajustar a parcela do financiamento à sua realidade econômica, priorizando o cumprimento do seu principal compromisso financeiro: o pagamento da casa própria.

Porém, a situação muda completamente de figura se você, por alguma razão, ficar sem rendimentos ou tiver uma queda brusca nos seus recursos financeiros de uma hora para outra, sem perspectivas de recuperação em curto prazo.

O cenário mais clássico é o de quem compra um bem e, de repente, fica sem emprego. Se for um fato transitório, e no mês seguinte você já estiver empregado novamente, com

tudo de volta aos trilhos, ótimo. Principalmente se você tiver tomado o cuidado de criar aquela reserva equivalente a 12 meses da prestação, para um caso de emergência, como orientei anteriormente.

Mas, se você não tomou essa precaução e se viu, de um dia para o outro, sem recursos, e sem uma perspectiva concreta de que a situação se reverterá a seu favor em seis meses, por exemplo, a atitude mais sensata é realmente considerar a hipótese de colocar o imóvel à venda, transferindo a dívida ou vendendo pelo preço total para quitar a dívida, ou simplesmente entregá-lo.

Isso por uma razão muito simples. Nesse caso, a dívida que está se acumulando se tornará, em pouco tempo, muito maior do que já é. Como veremos mais adiante, uma dívida puxa outra. Quanto mais tempo passar, maior será o nível de endividamento. Portanto, quanto mais cedo você tomar a decisão, melhor será para sua saúde financeira. Lembre-se do velho ditado: "O menor prejuízo é o primeiro".

A pior solução é deixar a dívida rolar para ver no que dá. Não caia na ilusão de que a dívida caduca ou some, nem confie que vai demorar muito tempo para tirarem o imóvel de você, imaginando que os processos são muito lentos ou burocráticos. Hoje em dia, tudo é muito mais moderno e rápido. Portanto, não se engane. Antecipe-se e tome a decisão o quanto antes.

Outra situação que pode levar à necessidade de entregar o imóvel é se você está passando por algum problema de saúde na família: a doença de um ente querido está drenando seus recursos e o colocou numa situação de endividamento inesperada, da qual você não consegue sair porque está emocionalmente envolvido.

Digamos que você tenha entrado numa roda-viva, que a prestação esteja atrasada, assim como o condomínio e o

IPTU. Pode ser até que a inadimplência do financiamento o impeça de alugar outro imóvel.

A você não restará outra alternativa além de buscar um lugar para morar, com o menor custo possível, pagando um seguro-fiança, se não houver outro jeito, até que a sua situação financeira se normalize, ou voltar a morar com os pais, parentes ou com algum amigo até recuperar o equilíbrio.

É claro que se trata de uma situação sofrida, em especial se ela estiver acompanhada de um problema de saúde na família! Mas, por mais doloroso que seja, o melhor é enfrentá-la de peito aberto, fazendo o que precisa ser feito. E acreditar. Acreditar que você será capaz de se reestruturar e recomeçar!

Talvez seja reconfortante pensar que você não é o único que está nessa situação. E que há sempre a possibilidade de recomeçar, fazer tudo de novo, com mais entendimento, segurança e experiência. Se você olhar a sua volta, ou até mesmo procurar saber com seus amigos, verá que muitas pessoas precisaram cair para poder se levantar. Não esmorecer é o segredo do sucesso financeiro.

Geralmente, quando as pessoas se veem diante de uma crise mais grave, quase sempre têm sentimentos de frustração, medo, falta de confiança em si mesmas e ansiedade. Portanto, é preciso ser cauteloso na hora de tomar as decisões para não criar problemas maiores para o futuro.

Se você decidiu entregar seu imóvel, por exemplo, procure manter-se o mais calmo possível, para fazer a negociação da devolução em termos adequados para você. Pois até para devolver uma casa é preciso ter cautela e consciência.

O fundamental é fazer a avaliação do imóvel e verificar o saldo devedor, porque, em alguns casos, o saldo pode ser maior que o valor do próprio imóvel.

Veja abaixo o extrato de pagamento de um financiamento de casa própria no qual a pessoa pagou, em 12 meses, R$ 7.018,95, amortizando de seu saldo devedor apenas R$ 2.637,47.

DESCRIÇÃO	VALOR EM R$
Saldo devedor em 31/12/2007	46.110,08
AMORTIZAÇÃO	**2.637,47**
Juros	3.630,91
Seguros	475,65
Taxas + FCVS*	274,92
Total pago no exercício (mutuário)	7.018,95
Saldo devedor em 31/12/2008	43.472,61
TOTAL DE JUROS/SEGUROS/TAXAS	**4.381,48**

* Fundo de Compensação de Variações Salariais.

Talvez haja pessoas já interessadas na aquisição. Consulte vizinhos, amigos e parentes, vendo se consegue até mesmo uma transferência da dívida, com algumas vantagens, como permanecer na casa por mais algum tempo ou receber algum valor na negociação.

Caso não haja essa possibilidade e tenha mesmo de devolver o bem, garanta que não será necessário assumir o pagamento de nenhum resíduo, pois, do contrário, você ficará sem casa e com dívida, o que dificultará sua reorganização financeira a partir da devolução consumada. No momento da devolução, o ideal é estar acompanhado de um advogado da família ou indicado por um amigo e que seja especializado na área de imóveis.

Se, além de não ficar com a dívida, você tiver a possibilidade de sair da negociação com algum dinheiro, melhor ainda. Esses recursos podem ajudá-lo a dar o primeiro passo para a aquisição de outro imóvel, em condições mais compatíveis com a sua situação atual, ou mesmo garantir o seguro-fiança e o aluguel por alguns meses, até que as coisas voltem ao normal.

Nos momentos mais difíceis, quando essa solução parecer a pior do mundo, procure imaginar a tranquilidade de se ver sem o peso da dívida e com algum dinheiro para recomeçar!

O sonho do automóvel

Se você perguntasse para jovens que estão entrando no mercado de trabalho qual é o primeiro sonho que desejam realizar com os frutos do seu suor, nove entre dez diriam que é comprar um carro.

Se você perguntasse para adultos que já compraram seu primeiro carro o que fariam se ganhassem um bom aumento de salário, nove entre dez diriam que trocariam de carro.

Em nossa sociedade, carro é sinônimo de liberdade, autonomia, virilidade, estilo, poder, *status*. Brasileiro é louco por carro! Uma frase parecida já foi até mote de propaganda.

Uma construtora brasileira chegou a lançar uma promoção que dizia algo como: "Compre a casa e leve o carro de presente. Realize seus dois maiores sonhos em uma única tacada!". Nada mais inteligente do que unir o útil ao agradável! Excelente, não é? Depende.

Não se faz uma promoção assim a troco de nada. Provavelmente, por trás dessa estratégia de *marketing* está a certeza de que muitos brasileiros não compram a casa própria sem antes ter comprado um carro.

Quantas pessoas você conhece que moram em casas simples – às vezes alugadas, às vezes na casa dos pais, ou numa casa própria, mas instalada em um bairro periférico, com pouca infraestrutura – e, no entanto, circulam pelas ruas em carros de luxo?

Há pessoas cujos carros representam todo o patrimônio acumulado ao longo da vida. Não é à toa que muitos se matam no trânsito por causa de uma pequena batida ou de um simples

arranhão. Para pessoas assim, o carro vale mais que qualquer outra coisa na vida. Por isso, nada mais natural que façam qualquer loucura para adquirir um automóvel, como comprá-lo em 60 prestações – isso mesmo: cinco anos –, pagando por um o valor de dois.

É muito comum as pessoas comprarem seu primeiro carro, por exemplo – em geral um popular, no valor de 25 mil reais –, e, ao final de 60 meses, terem pago 42 mil reais por ele, em prestações de aproximadamente 700 reais. É um bom negócio? Sempre haverá quem defenda que sim.

Não há nada de errado com as empresas que promovem as campanhas publicitárias, menos ainda com os bancos que disponibilizam o financiamento para a compra do carro. Esse é o negócio deles: fazer com que você visualize a possibilidade de realizar seu sonho e criar os meios financeiros para tanto, obtendo algum lucro, evidentemente.

O problema é que, cego de desejo, você não pensa duas vezes: compra e, depois, só depois, percebe concretamente as consequências da decisão tomada. A gravidade do problema está no analfabetismo financeiro, somado ao *marketing* publicitário e ao crédito fácil. Juntos, eles estão comprometendo a saúde financeira das gerações atuais e futuras.

O custo real de um carro

Para evitar que o sonho da liberdade proporcionada pelo carro vire um beco sem saída nas finanças pessoais, é preciso ser cauteloso. Valem praticamente as mesmas regras em relação à casa própria.

O comportamento mais comum e imediato é pensar no valor da prestação do carro, e apenas nisso, desconsiderando ou subestimando todo o resto – todos os custos indiretos envolvidos na aquisição do automóvel.

Esse é o que se poderia chamar de um comportamento de risco, já que cerca de 3% a 4% do valor do carro é o custo que o proprietário terá em sua manutenção mensal. Isso inclui IPVA, seguro, DPVAT, inspeção veicular, gasolina, revisão, estacionamento e também depreciação, ou seja, a perda de valor anual do carro.

Equivocadamente, algumas pessoas acreditam que o veículo é um bem de investimento, quando, na verdade, não passa de um bem de consumo, cuja aquisição mal planejada pode corroer as bases de qualquer orçamento financeiro. É a receita certa para que o sonho de liberdade se transforme numa prisão financeira, se tudo não for minuciosamente calculado e previsto.

SIMULAÇÃO DO CUSTO DE UM VEÍCULO

Valor do veículo R$ 25.000,00

	Mensal R$	% do custo com o veículo	Anual R$
IPVA	52,08	5,95	624,96
DPVAT	8,42	0,96	101,04
Licenciamento	2,58	0,29	30,96
Seguro (7%)	145,83	16,66	1.749,96
Combustível (média mensal)	300,00	34,28	3.600,00
Manutenção Trimestral - óleo/filtros	10,67	1,22	128,04
Pneus (troca a cada 30.000 Km)	17,25	1,97	207,00
Lavagem	60,00	6,86	720,00
Estacionamento	60,00	6,86	720,00
Multa de trânsito	10,00	1,15	120,00
Depreciação (10% anual)	208,33	23,80	2.499,96
Total de despesas com o veículo	**875,16**	100,0	**10.501,92**

Fonte: Instituto DSOP de Educação Financeira

Com isso, aquele jovem que até os 20 anos viveu sem dívidas, e que, ao ter seu primeiro trabalho remunerado, imediatamente contraiu uma dívida enorme para comprar um automóvel, terá o seu futuro próximo dedicado quase exclusivamente a viver e trabalhar para pagar os custos gerados por um carro, sem conseguir poupar um único centavo por pelo menos cinco anos.

Se, por volta dos 25 anos, esse jovem decidir se casar, não terá poupado absolutamente nada até então, porque passou cinco anos de sua vida economicamente ativa pagando a dívida do carro.

Caso tenha conseguido quitá-lo nesse período, seu único bem será um automóvel, pelo qual ele pagou 50 mil reais, mas que, provavelmente, valerá menos de 15 mil reais. Agora, responda sinceramente: Trata-se de um bom negócio?

O imediatismo que move os jovens hoje em dia (e não só eles) impede-os, por exemplo, de esperar o tempo adequado poupando, seja pelos meios convencionais ou mesmo por meio do consórcio, para só depois ter o carro.

É comum também que os próprios pais, na ânsia de realizar o desejo dos filhos, acabem tomando decisões precipitadas. E aqui vai um alerta para os pais que costumam presentear os filhos com um automóvel, quando eles entram na faculdade.

É preciso ter consciência do impacto dessa dívida e do custo de manutenção do veículo no orçamento familiar, naturalmente. Mas, mais que isso, você pode estar dando ao seu filho um presente de grego! Uma dívida disfarçada de carro. Uma prisão financeira disfarçada de liberdade.

Sonho de consumo ou desejo de status?

No caso de quem já está indo para o segundo ou terceiro automóvel, os riscos não são menores. É preciso ser consciente do que se está fazendo. Investir todo o seu décimo terceiro salário, suas férias ou seu tão esperado aumento de salário num carro mais novo, mais potente, mais luxuoso é uma faca de dois gumes.

Carros mais potentes e luxuosos significam também maior consumo de combustível, custo maior de manutenção e seguro muito mais alto, além de maior vulnerabilidade à violência urbana.

Portanto, ao tomar a decisão de comprar um modelo mais sofisticado, é preciso ter certeza de que será possível arcar com os custos adicionais acarretados pela aquisição.

Também é sempre recomendável pensar em quais são as razões pelas quais você está tomando a decisão de compra. Se for somente por *status*, talvez valha a pena fazer uma breve reflexão e analisar se não há outros destinos mais inteligentes para o seu dinheiro, como criar uma reserva estratégica para uma eventual emergência, fazer uma boa poupança para comprar a casa própria no futuro ou pensar numa aposentadoria sustentável financeiramente.

E, claro, nunca é demais sublinhar que financiar carro de luxo em inúmeras prestações é uma contradição e tanto! Como o próprio nome diz, carro de luxo pressupõe que você tenha a condição de se dar esse luxo.

Se você não tem dinheiro para comprar um automóvel sofisticado sem que, para isso, tenha de se endividar por mais cinco anos, talvez seja o caso de manter o carro no padrão atual, poupar e, só mais tarde, quando realmente tiver meios concretos para isso, dar esse novo passo.

A aquisição do meu carro já virou um problema financeiro. Qual a melhor saída?

Como poucas pessoas foram alertadas e orientadas sobre a hora certa de decidir comprar um carro, é comum que o desejo da liberdade e do *status* proporcionados pelo carro se transforme em uma prisão de endividamento ou limite sua vida a trabalhar para pagar uma prestação que, muitas vezes, não cabe no orçamento mensal.

A conta é simples. Você comprou um carro de 54.000 reais em 60 parcelas. Ao longo desse tempo, você pagará por esse carro cerca de 100.000 reais. Isso mesmo! Você pagará em um carro o valor de dois, como já demonstramos.

Mas o problema maior acontece se, num determinado momento, por uma conjuntura qualquer, você perder o emprego ou tiver uma queda de rendimentos.

Digamos que você tenha pagado apenas 12 prestações desse automóvel financiado em 60 vezes e percebeu que nem mesmo a prestação cabe mais no orçamento.

Depois de tentar de todas as maneiras resistir à fatalidade de entregar o carro, muitas vezes atrasando outras despesas essenciais em função dessa prestação, você finalmente pensou em devolvê-lo à financeira e estancar as prestações restantes. Mas, quando chegou para fazer a negociação, tomou um enorme susto e percebeu que as coisas não são simples assim.

Na conta da financiadora, o seu carro, que inicialmente valia 54.000 reais, ao sair da loja já passou a valer 10% menos. Considerando um ano de uso, teve uma depreciação de mais 10%. Ou seja, seu carro, em um ano, já vale 20% menos do que valia quando você o comprou.

Acontece que o valor da sua dívida, que era de 100 mil reais em 60 meses, depois de 12 meses de pagamento caiu para 80 mil reais. Porém o carro agora só vale 44 mil reais. Portanto, sua dívida é maior do que o seu bem.

Por esse raciocínio, ao devolver o carro, em princípio, você ainda ficaria devendo. Esse é o preço que se paga pela ansiedade e pela compra por impulso, inconsciente. Ou, como diz o dito popular, por "dar o passo maior do que a perna".

Quando devolver o carro é a melhor solução

Infelizmente, se você estiver numa situação semelhante a essa, com dificuldades para pagar o carro, vale o mesmo raciocínio em relação à casa. Se não houver perspectiva de reverter a situação em um curto espaço de tempo, o melhor a fazer é devolver o bem o quanto antes e negociar, com a ajuda de um advogado, se preciso for, para que a dívida seja extinta.

Lembre-se: os veículos que voltam para a financiadora são leiloados, e a financiadora não vai querer arcar com as perdas. Se

houver diferença entre o valor real do carro e valor pelo qual ele for leiloado, quem terá de cobri-la é você.

Sendo assim, procure devolvê-lo o mais rápido possível, enquanto ele tiver um bom valor de mercado. Se fizer isso direitinho, terá grandes chances de não sobrar nenhuma dívida para você.

A única outra alternativa seria repassá-lo para terceiros, de forma que o novo comprador assumisse a dívida. Mas, caso você opte por essa solução, não deixe, em hipótese alguma, de transferir o financiamento para o nome do novo comprador; do contrário, você continuará responsável pelo que acontecer ao carro, não só do ponto de vista financeiro, como também penal.

Claro que ter de abrir mão de um bem com o qual você provavelmente sonhou por um longo tempo não é fácil. Mas não se sinta derrotado por isso. Pense que você está, antes tarde do que nunca, tomando a decisão correta. No mês seguinte, você já pode começar a escrever uma nova história, correndo atrás do seu sonho de novo, mas em condições melhores.

Faça o diagnóstico da sua situação financeira e comece a poupar logo no primeiro mês, se possível, o valor correspondente a pelo menos 50% do que você pagava de prestação. Redefina o tipo de carro que você quer, tendo como base uma avaliação precisa do seu orçamento e das suas necessidades em termos de transporte. Pesquise outras alternativas de modelos ou, ainda, volte a considerar a possibilidade de fazer um consórcio. Mas faça tudo com consciência e planejamento, para não se endividar novamente.

Lembre-se sempre de que é nas pequenas despesas que você encontrará o dinheiro que não consegue guardar, por isso um diagnóstico minucioso de tudo o que gasta é tão importante, levando-o a guardar mais dinheiro para a realização do sonho de ter seu carro de volta.

Controle a ansiedade e tenha em mente que tudo deve ser feito a seu tempo, pois um dos segredos do sucesso financeiro está diretamente relacionado à capacidade de saber fazer escolhas e aguardar o melhor momento para tomar as decisões de compra.

Tenha em mente também que, embora as dívidas para a obtenção de casa e carro possam ser consideradas de valor, só a aquisição da casa própria é de fato um investimento, pois o imóvel tende sempre a valorizar e pode inclusive, no futuro, transformar-se em fonte de renda. Já o carro é apenas um bem de consumo que se desvaloriza a cada mês e, portanto, não pode ser considerado um investimento, apesar do seu valor agregado.

Agora, que você já tem consciência de quais são as suas dívidas de valor e de o quanto é importante dimensioná-las corretamente para conseguir mantê-las em dia, vamos atacar juntos as dívidas sem valor – essas, sim, as grandes vilãs do seu orçamento.

Mas o que é dívida sem valor? Para saber, será preciso distinguir aquilo que é essencial do que é supérfluo. Vamos em frente.

2

DÍVIDAS SEM VALOR

Compras por impulso

O endividamento por dívidas de valor, como vimos no capítulo anterior, pode complicar a vida financeira se não for realizado de forma consciente e cautelosa, no prazo adequado e com uma série de precauções. Mas, por mais difícil que seja a situação, sempre haverá o alento de pensar que seu endividamento tem uma boa causa. Afinal, casa e carro são necessidades absolutamente justificáveis no mundo moderno e agregam valor à sua qualidade de vida.

O sofrimento decorrente do endividamento aumenta, no entanto, quando a causa são as dívidas sem valor, que podem desequilibrar completamente o orçamento, comprometendo o seu presente e o seu futuro financeiro sem lhe dar uma contrapartida realmente importante em termos de crescimento financeiro e bem-estar.

E o que são as dívidas sem valor?

Dívidas sem valor são o resultado final das compras sem valor que você fez, quase sempre por impulso, de coisas que não agregaram nada à sua vida: aquela esteira ergométrica que você comprou e virou cabide para roupas, porque nunca foi usada; os sapatos de modelos parecidos, comprados na liquidação e que na estação seguinte saíram de moda; o *kit* de ferramentas revolucionárias que nunca teve serventia; o celular ultramoderno com tantos recursos que você não soube sequer como utilizar direito, consumindo energia elétrica em excesso; as compras desnecessárias na padaria e no supermercado que foram parar no lixo.

A lista poderia se prolongar ao infinito, porque já virou parte da rotina das pessoas adquirir coisas que não agregam de fato nenhum valor às suas vidas, às vezes sem perceber o tamanho do buraco em que estão entrando.

Compro, logo existo?

Há quem acredite que consumir é um dos maiores prazeres da vida e deve ser praticado com a máxima intensidade – afinal, não sabemos se amanhã ainda estaremos aqui, então temos de aproveitar tudo hoje! Você já deve ter ouvido isso muitas vezes. No entanto, pense o contrário. E se você viver até os 100 anos de idade? Como fará se não tiver se preparado para o futuro? Com que dinheiro irá se sustentar e continuar consumindo?

Esse é um mal do século. A decisão de compra da maioria das pessoas funciona no "piloto automático", sem a intervenção do pensamento lógico e da ponderação necessária. Muitos substituíram o pensamento racional (penso, logo existo) pelo irracional (compro, logo existo), mas se esquecem de considerar a principal consequência: compro, logo devo.

Você pode argumentar: "Ah, mas o que uma coisa tem a ver com a outra? Compras não são dívidas; compras são compras, certo?". Depende. Se você aprofundar um pouquinho mais o raciocínio, verá que dívida é aquilo que você comprou e terá de pagar. Portanto, dívidas são compras – compras muitas vezes acrescidas de mais juros do que os já embutidos no parcelamento. Isso quer dizer que a forma mais inteligente de livrar-se das dívidas sem valor é parar de comprar coisas sem valor. Simples assim! E, melhor ainda: se você não tiver dívidas sem valor, terá muito mais dinheiro para pagar em dia as suas dívidas de valor e ter uma vida financeira mais tranquila.

Você alguma vez parou para pensar que talvez a prestação da sua casa ou do seu carro (que são dívidas de valor) esteja atrasada porque você vem queimando os seus recursos em dívidas sem valor? Você pode dizer: "Imagina se o fato de eu comprar uma esteira, um par de sapatos ou um *kit* de ferramentas, ou ainda exagerar nas despesas essenciais, como energia elétrica, água e padaria, é a causa de não estar conseguindo pagar o apartamento!".

Pois eu lhe garanto que, se você juntasse cada real gasto em compras sem valor, calculando junto tudo o que paga de juros embutidos nas prestações das compras a prazo e os juros cobrados pelas contas atrasadas, transformadas em dívidas não pagas, teria muito menos problemas. Como você já deve ter ouvido ao longo da vida, o dinheiro não aceita desaforos! E quer desaforo maior do que usar o seu dinheiro, ganho com tanto sacrifício, para comprar coisas muitas vezes inúteis? A consequência é óbvia. Se você torra o dinheiro em coisas sem valor, provavelmente faltará dinheiro para pagar as coisas de valor.

Não sei mais viver sem ter algum parcelamento a perder de vista no carnê. Ainda tenho solução?

Se você quer viver de forma harmoniosa com as suas dívidas de valor, pagando em dia e, se possível, antecipando as prestações, para abreviar o financiamento da sua casa própria ou do

seu carro, por exemplo, você precisa ser capaz de controlar as compras por impulso e aprender a comprar aquilo que é realmente necessário, concentrando-se no essencial, procurando sempre as melhores condições possíveis.

Tenha sempre em mente que, toda vez que você fizer determinada compra, será preciso responder sinceramente a algumas perguntas:

- **Eu realmente preciso desse produto?**
- **O que ele vai trazer de benefício para a minha vida?**
- **Se eu não comprar isso hoje, o que acontecerá?**
- **Estou comprando por necessidade real ou movido por outro sentimento, como carência ou baixa autoestima?**
- **Estou comprando por mim ou influenciado por outra pessoa ou por uma propaganda sedutora?**

Garanto a você que, se for capaz de se fazer essas perguntinhas básicas, respondendo com honestidade, será possível distinguir claramente o que tem e o que não tem valor real em cada situação de compra que surgir. Se, mesmo diante desse questionamento, você concluir que realmente precisa comprar o produto, seria prudente fazer mais algumas perguntas, como:

- **De quanto eu disponho efetivamente para gastar?**
- **Tenho o dinheiro para comprar à vista?**
- **Precisarei comprar a prazo e pagar juros?**
- **Tenho o valor referente a uma parcela, mas o terei com certeza daqui a três, seis ou doze meses?**
- **Preciso do modelo mais sofisticado, ou um básico, mais em conta, atenderia perfeitamente à minha necessidade?**

Afinal, você nunca pode esquecer que toda mercadoria tem

pelo menos três preços: o preço real, o preço à vista e o preço a prazo. Quem quer evitar o endividamento deve comprar bem e fazer todo o esforço possível para comprar à vista, não caindo nas facilidades dos financiamentos a perder de vista. Do contrário, você corre o risco de perder de vista justamente o mais importante: o aproveitamento máximo do seu dinheiro.

A ilusão do crédito fácil

Pesquisar, pensar e pedir descontos são atitudes que fazem parte do negócio de compra e venda, demonstrando, entre outras coisas, o valor que você dá ao próprio dinheiro.

Quando você reflete antes de fazer suas escolhas, comparando preços, estudando a melhor estratégia para adquirir um bem, está respeitando o dinheiro, e a consequência disso é ter menos dívidas.

Se você não tem dinheiro para comprar um bem à vista, como um computador, por exemplo, pode pelo menos poupar uma parte do custo, fazer uma longa pesquisa em várias lojas, e também na Internet, e então parcelar apenas 50% do valor, digamos, em duas ou três vezes (sem juros), com a segurança de que aquela compra não vai virar uma prestação difícil de pagar no futuro.

Não seja ingênuo. Nenhuma loja financia o bem que você deseja no carnê porque é boazinha. O negócio da loja é vender o produto, mas algumas delas transformaram em negócio paralelo vender a prazo e cobrar juros embutidos nas prestações. Elas vendem a possibilidade de você satisfazer desejos imediatos, mas com isso comprometem a realização de seus sonhos futuros.

A fórmula é simples: quem tem prestações tem dívidas, quem tem dívidas paga juros, quem paga juros tem menos dinheiro e quem tem menos dinheiro realiza menos sonhos.

Desconfie sempre dos créditos fáceis, dos parcelamentos do tipo "fazemos qualquer negócio". Todos esses financiamentos têm juros embutidos, mesmo quando as propagandas sustentam que se trata de parcelamento sem juros. É necessário que você tenha consciência plena disso e busque outras alternativas de pagamento para conseguir um preço à vista mais justo, de preferência com um desconto generoso.

Qualquer que seja o item que você deseja adquirir, a "frase mágica" é: "Quanto custa este produto à vista?". Sempre que perguntamos dessa forma, o vendedor já saberá que estamos buscando o menor preço e estará mais aberto para negociar.

Não entre em prestações de longo prazo sem ter certeza absoluta de que elas não comprometerão seus orçamentos atual e futuro. Do contrário, aquele crediário poderá se tornar uma dívida inadimplente, gerando mais juros e mais multas do que já está embutido no preço do produto, fazendo com que o valor final daquele bem se multiplique absurdamente, muito além do seu real valor.

Isso significa que você não pode nunca, jamais, comprar uma mercadoria qualquer no carnê? Não necessariamente. Imagine que o refrigerador da sua casa pifou e você não tenha uma reserva para essa emergência. Ficará sem o refrigerador ou comprará a prazo?

O mais razoável, em um caso como esse, é comprar a prazo mesmo, mas fazendo um parcelamento consciente e inteligente. E os juros precisam ser muito bem compreendidos. Lembre-se: as lojas não agem com generosidade! Elas não doam. Elas vendem, e vender a prazo supõe que elas ganharão mais, nos juros.

Muitas vezes, sequer percebemos qual é o negócio das lojas nas quais fazemos compras. Você já parou para pensar qual é o verdadeiro negócio de uma grande loja de móveis e eletrodomésticos? A primeira resposta que nos ocorre é pensar que o negócio deles é vender móveis e eletrodomésticos, mas nem sempre é assim. É comum que o verdadeiro negócio dessas grandes

lojas seja simplesmente vender crédito direto ao consumidor, ou seja, emprestar dinheiro para você adquirir a mercadoria de que precisa. Mas se trata de um crédito em geral muito mais caro do que o vendido pelos bancos. Nem tudo o que reluz é ouro! Procure ampliar sua percepção na hora de comprar o que quer que seja. Sempre que lhe ocorrer a vontade ou a necessidade de fazer uma compra parcelada no carnê, ao fazer isso você estará na verdade comprando crédito.

Os desdobramentos da compra

Nunca é demais reiterar que, qualquer que seja a necessidade de compra, você precisa saber com precisão o quanto ganha, e o quanto sobra do que você ganha, antes de se comprometer com mais um financiamento. Se a conta der zero, sinal vermelho, porque você fatalmente pagará mais juros, ficará inadimplente e será punido com mais juros e multas.

Caso você tenha alguma margem para incluir uma nova prestação no seu orçamento, ainda assim é recomendável refletir bem antes de tomar esse crédito, porque o normal é que o custo da compra seja maior do que você imagina inicialmente.

Suponha que você quer uma TV maior e mais moderna para assistir ao futebol ou à novela. Imagina que a prestação cabe tranquilamente no orçamento. Como está ansioso e não quer esperar até ter todo o dinheiro, resolve comprar a crédito, pagando um preço mais alto, para ter o bem imediatamente.

Mas você se esquece de avaliar se tem o móvel adequado para essa nova TV – ou, ainda, se quiser colocá-la na parede, haverá o custo do suporte. Enfim, tudo isso encarecerá um pouco mais a sua dívida. Também não imagina que, com a TV mais moderna, ficará com vontade de fazer um pacote de TV a cabo ou de passar a comprar o *pay-per-view* dos jogos do seu time ou de seus filmes preferidos.

Resultado: a compra da TV acarretará vários custos indiretos, que você não tinha considerado. Ao colocar tudo na ponta do lápis, você perceberá que essa nova TV não cabe no seu orçamento. Se perceber isso antes de comprar, ótimo. Se deixar para pensar em tudo isso depois, provavelmente já estará endividado.

Pensar nos desdobramentos da compra é fundamental para evitar danos ao equilíbrio das finanças.

De que adianta comprar a TV digital que você quer em 24 vezes, mas chegar à sexta prestação e verificar que não consegue pagar mais? E ainda por cima ficar com uma dívida correndo juros e aumentando diariamente?

Com certeza, chegará um momento em que você pensará: "Se eu tivesse ficado mais um tempo com a minha TV antiga, agora não teria essa dor de cabeça".

E pior: imagine se tudo isso acontecesse (se é que já não aconteceu com você) por causa de uma compra sem valor, algo que, no final das contas, virasse um elefante branco, um objeto sem serventia real na sua vida e do qual você se arrependesse?

Portanto, tenha sempre em mente: Dívidas sem valor são aquelas contraídas por impulso, em geral um impulso inconsciente, estimulado pela sedução do crédito fácil, do *marketing* publicitário, e em parcelamentos a perder de vista.

Já as dívidas de valor são aquelas que ampliam seu patrimônio e têm impacto claramente positivo na sua qualidade de vida, de preferência contraídas com o auxílio de um recurso (total ou parcial) poupado especificamente para aquele fim.

Saber distinguir umas das outras é uma excelente forma de se reeducar financeiramente, não se endividando além da sua real capacidade de pagamento.

Cuidados essenciais com o cartão de crédito

Já virou lugar-comum dizer que o cartão de crédito é o grande vilão nas histórias de endividamento pessoal dos brasileiros. Afinal, a facilidade que proporciona na hora da compra, a possibilidade de parcelar tudo em quantas vezes se desejar, o fato de não vermos fisicamente o dinheiro saindo da carteira ou da conta-corrente, tudo isso leva as pessoas a se endividar, certo? Mais ou menos.

Não se pode jogar toda a culpa do endividamento financeiro de alguém num "inocente" pedaço de plástico. A responsabilidade pelo consumo e pelo endividamento inconscientes dos brasileiros (e de pessoas do mundo todo) está no analfabetismo financeiro.

A maioria das pessoas não foi preparada para lidar com o dinheiro de uma forma responsável, consciente, adotando padrões de comportamento sustentáveis, para manter uma vida equilibrada nesse campo – nem mesmo no tempo em que todas as transações comerciais eram feitas exclusivamente com as cédulas concretas, o "dinheiro vivo", como se diz.

Agora imagine: se até hoje, no Brasil, há quem não consiga lidar com o dinheiro vivo de forma equilibrada, calcule o que pode acontecer quando essas mesmas pessoas passam a utilizar uma forma abstrata de lidar com o dinheiro, como o cartão de crédito.

Sim, porque o uso do cartão de crédito exige, ao mesmo tempo, capacidade de abstração e de concretização, para que a pessoa saiba que não está lidando com o dinheiro, mas com um meio de compra e pagamento, sem perder de vista que, para ser honrado, ele demandará uma quantia em dinheiro real, na data do vencimento, correspondente aos gastos realizados anteriormente.

Quando surgiram, nos Estados Unidos, os cartões de crédito eram oferecidos como uma espécie de benefício aos clientes mais fiéis de postos de gasolina, supermercados, restaurantes e hotéis, que podiam comprar produtos e serviços dessas empresas sem ter de pagar no mesmo dia. Isso acontecia porque os comerciantes confiavam que aquelas pessoas pagariam depois, já que eram clientes fiéis.

Desde então, o cartão de crédito sofreu um processo de evolução constante, até chegar ao patamar dos dias atuais, quando é aceito em praticamente todos os estabelecimentos do mundo e foi popularizado, atingindo quase todas as classes sociais.

O problema é que nem todo mundo aprendeu a lidar com esse meio de pagamento de forma adequada, não fazendo o raciocínio correto na hora de realizar as compras.

As instituições financeiras viram nesse despreparo uma oportunidade de negócio e passaram a oferecer os cartões e a cobrar juros de quem não conseguia quitar os gastos nas datas de vencimento.

Você já deve ter ouvido alguém dizer que tudo o que as instituições financeiras não querem é que você pague o seu cartão de crédito em dia. E por quê? Porque, se você paga o seu cartão de crédito em dia, você não paga juros, e o cartão de crédito vira o que ele é de verdade: um simples meio de pagamento que substitui o meio convencional.

Estabelecer e respeitar seus limites

A utilização equivocada do cartão de crédito começa na sua aquisição. As próprias operadoras de cartão de crédito vêm trabalhando na conscientização do uso desse meio de pagamento, porque estão percebendo que, da forma como vem sendo

usado, ele pode se tornar insustentável em pouco tempo. Afinal, se a maior parte dos usuários de cartão de crédito se endividar a ponto de não poder mais usá-lo, será ruim para todos.

Um dos motivos para esse endividamento é o fato de as pessoas comumente terem cartões de crédito com limites muito superiores aos que poderiam ter. Você pode dizer: "Ora, mas se o meu banco me deu um limite de 5 mil reais é porque eu posso ter um limite de 5 mil reais!". Vamos pensar mais detidamente sobre isso.

Para início de conversa, você deve se lembrar de que, para as instituições financeiras, o melhor negócio é você comprar sempre além do que pode pagar, o que o obriga a pagar a prazo e, assim, arcar com juros e multas. Portanto, é natural que elas sejam "generosas" na hora de lhe dar um limite.

Ah! Então o verdadeiro vilão dessa história é a instituição financeira? Claro que não. Como já foi dito, esse é o negócio deles. Como em tudo na vida, somos nós os únicos responsáveis por nossos atos e escolhas. Portanto, cabe a você estabelecer os seus próprios limites, com base nos seus rendimentos reais líquidos.

Veja que eu disse *rendimentos reais líquidos*. Algo que você só poderá conhecer com precisão se fizer um diagnóstico completo da sua vida financeira, como explicado na Metodologia DSOP.

Para quem está em desequilíbrio financeiro, de modo geral, o recomendável é ter um cartão de crédito com limite disponível de no máximo 30% dos seus rendimentos líquidos.

Se você tem um rendimento de mil reais, por exemplo, o limite do cartão deve ser de 300 reais; para 2 mil reais de rendimento, 600 reais de limite; para 3 mil, 900 reais de limite, e assim por diante. Parece pouco? Pode ser, mas tenha certeza de que, mantendo-se dentro desse limite, será muito mais difícil você

transformar o seu inofensivo cartão de crédito numa devastadora arma contra a sua saúde financeira.

Se você quiser testar o poder de destruição dessa arma, faça a mesma conta, considerando apenas 100 reais desse limite não pagos ao longo de dois, cinco, 10 e 15 anos, acrescidos dos juros que você pagaria se não conseguisse quitar a fatura no dia certo.

Juros contra você

Uma pessoa que tenha um saldo devedor em seu cartão de crédito no valor de R$ 100,00:

Em 2 anos deverá	R$ 1.878,81
Em 5 anos deverá	R$ 153.005,35
Em 10 anos deverá	R$ 234.106.363,03
Em 15 anos deverá	R$ 358.195.253.802,61

Cartão de crédito: juros de 13% ao mês.

Por isso, para efeito de segurança, o limite do cartão de crédito não deve jamais exceder o valor do seu ganho. Em outras palavras, não se deixe iludir, achando que pode comprar mais do que realmente pode, ou o endividamento será inevitável.

Não permita que o limite ilusório do cartão de crédito programe seu cérebro de forma equivocada, levando você a considerar esse valor como o seu poder aquisitivo real.

É óbvio que, se você ganha, digamos, 2 mil reais mensais, não pode gastar o limite inteiro de um cartão de 5 mil reais em um mês. Mas as facilidades, somadas aos desejos fermentados pelo *marketing* publicitário, tendem a confundir o seu raciocínio, deixando a mente e o bolso vulneráveis.

O que é melhor para manter o equilíbrio? Usar o "dinheiro vivo" ou o "dinheiro eletrônico"?

Para usar o cartão de crédito de forma consciente e segura, você precisa ter sempre em mente o volume real de dinheiro que pode gastar mensalmente, antes de fazer suas compras no cartão. Lembre-se de que sempre é necessário ter um volume de dinheiro real correspondente aos gastos para quitá-los no dia do vencimento; do contrário, o desequilíbrio será inevitável. Além disso, é fundamental que você tenha muito claro o quanto desse

dinheiro teoricamente disponível para gastar já está comprometido com as compras parceladas no cartão. Porque esse é outro erro comum, que leva ao endividamento.

Você tem um cartão de 5 mil reais. Sabe que, na verdade só pode gastar mil reais por mês. Ao passear pelo *shopping*, decide fazer uma compra não programada. Na hora, tenta fazer seus cálculos de memória e conclui: "Bem, esse mês só gastei 700 reais no cartão, então posso comprar". Compra e sai da loja feliz da vida, achando que fez um negócio consciente. Só que, no começo do mês, ao receber a fatura do cartão, percebe que tinha se esquecido de considerar um parcelamento feito três meses antes e que ainda não havia terminado.

Resultado: somando os 700 reais gastos no mês, mais a compra não programada, mais a parcela restante da compra antiga, você gastou mais de mil reais, mais do que podia pagar. No dia do vencimento, terá de jogar parte da dívida do cartão para a frente e, claro, arcar com os juros decorrentes dessa operação. Agora responda: vale a pena?

O parcelamento de compras no cartão de crédito é uma espécie de areia movediça. Enganado pelas pequenas parcelas, você não calcula direito o quanto as compras já representam no seu limite total e o quanto desse total cabe realmente no seu ganho mensal. Quando se dá conta, já está afundando.

Outro fator muito importante para se ter em mente é que, além de desestabilizar o gasto mensal no cartão em si, os parcelamentos reduzem o volume de dinheiro que você tem efetivamente a cada início de mês.

Quando você desconta dos seus ganhos líquidos os seus gastos com as dívidas de valor e também as compras parceladas já realizadas no cartão, sobra bem menos para a adequação do seu padrão de vida naquele mês.

Resultado: você provavelmente gastará mais do que poderia no seu orçamento total. O problema é que esse déficit mensal vai se acumulando. Em determinado momento, para quitá-lo, você precisará tirar dinheiro de algum lugar. O mais provável é que precise fazer novos empréstimos, e assim uma dívida vai puxando outra, até se tornar uma imensa bola de neve, levando à inadimplência.

Portanto, se tiver de comprar, compre sem parcelar. Assim ficará mais fácil calcular o limite real que você pode gastar mensalmente. Se for inevitável o parcelamento, é necessário que saiba o quanto estará comprometendo de seus próximos orçamentos.

O Governo Federal, por meio do Banco Central, instituiu em 2011 algumas mudanças que ajudarão em parte os usuários de cartões de crédito a se proteger dos excessos. As operadoras agora são obrigadas a discriminar as compras totais, em reais, e os valores já comprometidos para os próximos meses. Assim será mais fácil conhecer o valor já gasto do limite do cartão, sem ultrapassar o limite de segurança.

Um mito que precisa ser combatido é o de que comprar tudo no cartão é um jeito eficaz de ter controle sobre os gastos mensais. Se você notar melhor, verá que a fatura indica apenas o nome da loja e o número de vezes em que a compra foi feita. Com isso, nem sempre é possível saber ao certo com o que você gastou naquele mês.

Portanto, prefira o Apontamento de Despesas, conforme proposto na Metodologia DSOP. Ele, sim, é um instrumento que pode lhe dar uma dimensão exata de como você vem gastando o seu dinheiro e mostrar o quanto do seu limite de compras já foi atingido ou ultrapassado.

O que é possível fazer para não entrar na areia movediça da parcela mínima do cartão?

Outro jeito eficaz de calcular o limite que você efetivamente pode manter no seu cartão de crédito é observar se você, de vez em quando, cai na armadilha de pagar apenas o mínimo do cartão.

Em princípio, a possibilidade de pagar apenas o mínimo existe para que, em caso de emergência – por exemplo, se você teve de direcionar a quantia programada para pagar o cartão naquele mês para outro fim, inadiável –, você ganhe um tempo para se reorganizar.

Digamos que ao longo do mês você tenha feito uma ou outra compra que cabia perfeitamente no seu planejamento de gastos, mas foi surpreendido por uma dor de dente e descobriu que

precisava fazer um tratamento dentário com urgência. Claro que você não pensou duas vezes antes de se sentar na cadeira do dentista, afinal com dor não se brinca, em especial a de dente. Só que, ao se livrar da dor de dente, você adquiriu outra dor (no bolso), porque usou no pagamento do dentista o dinheiro reservado para quitar o cartão.

Naturalmente, o ideal seria que você tivesse uma reserva para emergências, justamente com esse fim. Não a tendo, é para casos assim que existe a tal parcela mínima do cartão. No mês em que teve a dor de dente, você paga o mínimo, reduz ao máximo os gastos no período e, no vencimento seguinte, quita a fatura completa ou, ainda, busca outra linha de crédito, com juros menores, evitando assim o pagamento das altas taxas de juros do cartão.

Mas, se pagar o mínimo tem se tornado uma constante na sua vida, você está avançando o sinal vermelho, está em perigo financeiro e ainda não se deu conta disso! Quando você paga somente a parcela mínima, na verdade está pagando praticamente apenas os juros, já que a dívida principal continua no rotativo, gerando novos juros no mês seguinte, sem diminuir.

Em situações como essa, você precisa urgentemente parar tudo e atualizar as bases do seu poder aquisitivo, recalculando seus rendimentos, priorizando suas dívidas de valor, definindo o saldo que você tem para adequar seu padrão de vida e revendo seus hábitos de consumo.

Se for esse o seu caso, a medida imediata mais prudente é pedir ao seu gerente que diminua o seu limite de cartão de crédito. Isso mesmo! Em geral, quando as pessoas se veem diante de dificuldades financeiras, a primeira coisa que fazem é pedir ao gerente que aumente seus limites, quando o correto deveria ser o contrário. Quando você não está conseguindo se organizar dentro dos limites que tem, de nada adianta ampliar sua linha de crédito no banco, pois isso certamente complicará ainda mais a situação.

Se tudo o que você tem conseguido pagar é a parcela mínima do cartão de crédito, talvez seja o caso, inclusive, de reduzir o limite total ao valor correspondente ao mínimo que você tem conseguido pagar.

Você pode me perguntar: "Mas, Reinaldo, como vou fazer minhas compras depois disso?". Se você não quiser que as compras realizadas no seu cartão de crédito se transformem numa dívida, e numa dívida que pode se tornar impagável em pouco tempo, você deve simplesmente diminuir as compras com o cartão de crédito para não exceder seus limites.

Caso você tenha mais de um cartão de crédito, é fundamental diminuir também o limite dos demais. Se tiver de manter, fique com apenas um deles, pois assim será mais fácil reorganizar as finanças, mantendo o foco e a atenção em um ponto único.

É lógico que o cartão de crédito também pode trazer benefícios, como premiações, bônus e principalmente o programa de milhagem, que muitas vezes é suficiente para viabilizar as viagens de férias da família. Mas de nada valerão essas vantagens se o uso rotineiro do cartão estiver fora de controle.

O risco dos múltiplos cartões

Aliás, é preciso ficar muito atento à armadilha dos múltiplos cartões. É muito comum que, ao ter dificuldade de pagar o cartão que vinha usando, você se lembre daquele outro, que chegou pelo correio e ainda não havia sido desbloqueado. O Governo proibiu as operadoras de cartões de crédito de enviá-los para o cliente sem a prévia solicitação deles. Caso isso aconteça com você, denuncie ao Banco Central.

Pense bem: se você já não está conseguindo pagar um dos cartões, o que acha que acontecerá se começar a gastar também em um segundo ou terceiro cartão?

Outra orientação importante é evitar o pagamento de taxas de anuidade. Ter vários cartões significa também várias parcelas anuais pagas aos bancos. E o que pouca gente sabe é que as operadoras de cartão de crédito concedem isenção total dessas tarifas, se você solicitar.

Caso você ainda não esteja isento, pode conseguir esse benefício com apenas uma simples ligação, solicitando reduções que podem chegar até mesmo ao custo zero.

O cuidado deve ser estendido também ao uso dos cartões de loja. A facilidade de comprar a perder de vista sem, com isso, comprometer o limite do cartão de crédito principal também costuma aumentar o endividamento.

Não é raro quem raciocine assim: "Vou fazer um cartão de crédito com a bandeira desse supermercado, assim concentro nele meus gastos com alimentação e fico com o limite do cartão de crédito livre para comprar outras coisas".

Na verdade, o que você está dizendo, em outras palavras é: "Vou fazer um cartão separado para as compras de supermercado, assim fico com uma margem maior para me endividar mais ainda no cartão de crédito principal". É um raciocínio absolutamente equivocado! Mas muita gente pensa assim.

Agora responda: A culpa é do cartão do supermercado, das lojas? Claro que não. Porém esses cartões são um perigo para quem não mantém as rédeas da sua vida financeira.

Em princípio, não haveria nenhum problema em ter o cartão de crédito do supermercado de sua preferência, reunir na mesma fatura seus gastos com alimentação e ainda aproveitar os benefícios, como descontos especiais e acumulação de bônus.

O problema é que, além de disponibilizar no seu orçamento geral um limite maior do que você pode pagar nos cartões, a

maioria dos supermercados, hoje em dia, vende de tudo, de farinha de trigo a pneu de carro. Com essa diversidade de produtos ao alcance das mãos e um limite de parcelamento que cria a ilusão de que as prestações cabem no orçamento, os excessos na hora das compras são inevitáveis.

Você sai para comprar pães, frios, suco e sabão em pó e volta para casa com uma bicicleta ergométrica, uma nova roupa de ginástica e um par de tênis. Ou seja, com uma série de produtos comprados por impulso, que você não adquiriria se não tivesse a facilidade de parcelar no cartão da loja.

Se você conseguir pagar, ótimo. Porém, o mais provável é que essa compra amplie seu risco de endividamento, já que não se trata de bens essenciais e tampouco estava programada.

Talvez, nesse ponto da leitura, você esteja se sentindo desconfortável, ou mesmo desanimado, porque não seguiu nenhuma dessas orientações antes. Pode até ser que esteja pensando: "Puxa, eu fiz tudo errado e agora é tarde!".

Bem, em primeiro lugar: nunca é tarde para rever nossos conceitos e hábitos, sejam eles quais forem. Segundo: admitir o erro já é meio caminho andado para fazer diferente daqui em diante. Então, vamos caminhar juntos, olhando de perto o cenário de quem já está em situação mais crítica.

Já estou endividado porque não paguei as compras nos cartões de crédito em dia. E agora?

A sensação mais comum de quem carrega uma dívida pesada é a de que não conseguirá se livrar dela nunca. Mas, acredite, qualquer que seja o seu nível de endividamento, é possível reverter o quadro, desde que você esteja disposto a fazer o que for necessário.

Assim como já discutimos em relação às dívidas de valor (casa e carro), os primeiros passos são reconhecer o problema e avaliar seu grau de gravidade.

Feito isso, o sonho de se livrar das dívidas que não agregam valor à sua vida tem de ser a prioridade. Livrar-se das dívidas deve ser o seu maior sonho no momento. Mas não se trata de ficar sonhando de braços cruzados. Você precisa ter estratégia. Calcular o valor total da dívida, verificar as taxas de juros cobradas, estabelecer quanto do seu orçamento é possível disponibilizar para pagá-la. E definir o prazo necessário para quitá-la, sempre observando o que seu bolso consegue pagar.

Se o seu cartão de crédito está atrasado faz algum tempo, mas você ainda o mantém ativo, é sinal de que a situação poderá ser contornada mais facilmente. Afinal, se o cartão está ativado, significa que você não está totalmente inadimplente, com o nome negativado e sem margem de negociação.

Porém, mesmo nesse caso, é preciso que você tome imediatamente a decisão de não comprar mais nada no cartão até que a situação seja resolvida.

Inicialmente, pode parecer muito difícil, já que você está habituado a usar o cartão a tal ponto que o limite já foi, digamos, incorporado aos seus rendimentos.

Outro fator que dificulta a tomada de decisão é o de que, ao pagar mensalmente o mínimo ou um pouco além do mínimo da fatura, geralmente esse valor é novamente disponibilizado na forma de limite, e você o usa, novamente, mesmo sabendo que no mês seguinte não conseguirá pagar a fatura de novo. Provavelmente porque, a essa altura do caminho, seus rendimentos já devem estar totalmente comprometidos, sempre faltando dinheiro para pagar as despesas básicas.

Acontece que "empurrar com a barriga", quando se trata de cartão de crédito, equivale a apertar ao máximo o nó da forca financeira. Porque os juros sobre juros em pouco tempo tornam a dívida muito mais difícil de pagar.

Portanto, a atitude mais correta é ser radical e não usar o cartão em hipótese alguma, até que a dívida seja extinta. O tempo que vai demorar para isso acontecer dependerá de o quanto você deve e do valor que você conseguirá disponibilizar mensalmente para quitar o débito.

Mas, num aspecto, não há escapatória. Você precisará puxar o freio de mão em tudo o que se referir a consumo até quitar a dívida!

Veja que eu não disse simplesmente "pisar no freio", porque essa expressão daria a entender que, a qualquer momento, você poderia voltar a consumir numa velocidade igual ou maior do que a anterior. E essa não é a saída.

A solução da sua dívida dependerá diretamente da sua capacidade de parar tudo e reavaliar seu histórico financeiro, observando em que ponto da sua trajetória de vida as coisas começaram a sair dos trilhos. Isso significa também parar de comprar por tempo indeterminado.

Você pode dizer: "Mas como parar de comprar? Eu faço supermercado e pago com cartão de crédito, uso remédios contínuos e pago com cartão de crédito. E eu não tenho como parar de comprar essas coisas, certo?".

Claro que não estou sugerindo que você deixe de fazer supermercado ou de tomar seus remédios até pagar a dívida! Mas você terá de encontrar outra alternativa, outro meio de pagamento para fazê-lo.

Lembre-se: você não pode confundir cartão de crédito com dinheiro. O cartão é apenas um meio de pagamento. Só que esse meio de pagamento está lhe trazendo problemas. Portanto, você precisará substituir o cartão por outro meio.

A solução mais simples é passar a usar apenas o dinheiro em espécie (nem mesmo o cartão de débito, como veremos logo a seguir). Assim, você terá maior controle sobre os gastos.

A diferença entre essencial e supérfluo

Para que essa estratégia funcione, é preciso reunir a família, inclusive as crianças, e apresentar o problema de forma que todos possam participar da solução.

Comece a reunião em um clima agradável, falando sobre os sonhos de cada um e os sonhos da família. Procure mostrar que o problema da dívida se tornou um empecilho para a realização dos sonhos e, portanto, deve ser combatido por todos e para o bem de todos.

Mostre o quanto cada um pode contribuir com suas atitudes individuais, reduzindo gastos em excesso, eliminando o consumo de supérfluos, pesquisando preços, questionando cada despesa, trocando marcas "*tops*" por marcas similares e assim por diante.

Ressalte que, se vocês têm uma dívida, principalmente se for uma dívida sem valor, e querem se livrar dela, o jeito mais eficiente de atingir esse objetivo é reduzindo o consumo total das coisas sem valor que vocês costumam comprar e direcionando cada centavo dos recursos disponíveis para a quitação da dívida.

Nesse processo, um obstáculo que pode surgir é a dificuldade de diferenciar o essencial do supérfluo. Quando você passa um longo período comprando de forma inconsciente, fica com a sensação de que tudo é essencial. Mas, a rigor, as despesas essenciais são aquelas importantes para a sua sobrevivência e da sua família: alimentação, moradia, vestuário, transporte, água, luz e gás, basicamente. Viagens, passeios, brinquedos, cosméticos, salão de beleza, bebidas alcoólicas, jornais, revistas, livros, CDs, DVDs, figurinhas, chocolates, balas, chicletes, cinema, restaurante, lanchonetes etc., tudo isso

pode ser cortado durante o período de ajuste do seu padrão de vida. E mesmo naqueles itens que você considerar essenciais, sempre haverá meios de economizar.

Você se habituou a fazer compras no supermercado mais caro da redondeza e passou a ter calafrios só de pensar em comprar numa loja mais popular? Acostumou-se a comer a pizza mais cara do bairro e sente-se derrotado só de pensar em fazer seu pedido naquela outra pizzaria, da esquina, mais barateira? Acabou se afeiçoando a determinada marca de sabão em pó e não abre mão dela, mesmo havendo outras, muito similares e mais baratas, à venda?Todos esses comportamentos precisarão ser combatidos com determinação para que você se livre da dívida decorrente do uso incorreto do cartão de crédito. E, acredite, você pode se surpreender positivamente ao aprender outros modos e perspectivas de consumir.

Do contrário, de nada adiantará o seu esforço de atacar esse endividamento específico. Se você não for capaz de identificar e combater também a causa da geração da dívida, e não apenas o efeito, como é de costume, assim que seus limites de crédito estiverem reestabelecidos, você certamente voltará a estourá-los.

Mas não se recrimine nem se martirize por ter feito a coisa errada até agora. É realmente difícil resistir ao assédio do consumo, às propagandas estrategicamente elaboradas que invadem sua casa e sua mente, por meio de anúncios extraordinários em revistas, jornais, na televisão e na Internet, oferecendo produtos de que você não precisa, para pagar em prestações que você não deveria ter...

Por isso é tão importante você se fortalecer, recuperar sua lucidez em relação a tudo o que se refere a consumo e concentrar suas forças e seus recursos financeiros naquilo que realmente tem valor: a recuperação da sua saúde financeira.

Caso você considere impossível manter a determinação de não comprar mais no cartão de crédito, o melhor a fazer é mandar cancelar mesmo. É difícil? Muito. Mas acredite que é o melhor a fazer.

Um jeito inteligente de se disciplinar para isso é se sentar com o gerente da sua conta e combinar um sistema de parcelamento do débito total, se possível com um bom desconto nos juros. Assim, enquanto estiver pagando o parcelamento, seu cartão ficará temporariamente desativado, de forma a impedir que você caia em tentação e volte a gastar sem poder.

Mas muito cuidado: o parcelamento da dívida do cartão de crédito tem de seguir os mesmos princípios descritos para o caso de repactuar a dívida da casa ou do carro. É preciso ter certeza absoluta de que o valor da parcela caberá na nova dinâmica financeira. Caso seja impossível pagar o parcelamento, ou seja, se o valor negociado com o gerente ainda não couber em seu orçamento, então você deverá ser enfático e dizer: "Devo; não nego. Pago quando e como puder", como veremos mais adiante.

Cheque especial ou dívida especial?

Se você perguntasse para todos os correntistas do Brasil se já recorreram pelo menos uma vez ao cheque especial, certamente quase 100% deles diriam um sonoro "sim". Se você perguntasse para as mesmas pessoas quantas delas sabem quanto já pagaram de juros de cheque especial ao longo de sua história bancária, a maioria absoluta não saberia o que responder. Se investigasse um pouco mais a fundo e pedisse às pessoas que explicassem resumidamente como funciona o sistema que está na base do cheque especial, a maior parte delas tampouco saberia dar a resposta prontamente.

Como já foi dito anteriormente, uma das principais razões do alto nível de endividamento do brasileiro é o analfabetismo financeiro, a incapacidade de refletir sobre suas escolhas financeiras e decidir com autonomia e consciência.

Usar o cheque especial sem ter noção exata das implicações e dos riscos dessa linha de crédito, sem conhecer em detalhes o funcionamento do sistema, é uma das faces do comportamento de risco financeiro mais comuns na cultura de endividamento.

O limite do cheque especial é uma linha de crédito pré-aprovada, que fica à disposição do cliente na conta-corrente e pode ser utilizada a qualquer instante. O chamado crédito fácil. A dificuldade da maioria das pessoas está em saber calcular as consequências do uso desse dinheiro, só aparentemente fácil, que está lá na conta-corrente, ao alcance da mão.

É claro que o banco não empresta o dinheiro dele por bondade. Trata-se de um negócio, como o cartão de crédito, o financiamento do automóvel e o da casa própria. Para que você use o cheque especial, o banco cobra juros. Juros proporcionais à quantia retirada e à quantidade de dias em que foi utilizada pelo correntista.

E aqui já começam as dificuldades, porque quase ninguém é capaz de calcular de cabeça o custo desse empréstimo. Na falta de um raciocínio mais preciso, a tendência é sempre fazer cálculos aproximados, em geral abaixo do valor real. É como comprar uma mercadoria sem saber nem ao certo o quanto se vai pagar por ela.

Pergunte a qualquer pessoa qual é a taxa de juros do cheque especial no seu banco. A resposta mais comum será: "Mais ou menos uns 10%". Quase ninguém sabe a taxa exata, até porque esses juros variam, dependendo das medidas econômicas adotadas no país, e têm diferenças de um banco para o outro.

Agora responda: Você compraria uma mercadoria se, ao perguntar para o vendedor o quanto ela custa, ele respondesse "mais ou menos 100, 110, 120 reais"? Certamente não.

Você só compraria depois de saber o preço exato. Portanto, antes de sacar aqueles 100, 200, 500 reais do seu limite, o ideal é pegar papel, caneta e calculadora, verificar a taxa exata cobrada pelo banco e colocar o valor exato, em números grandes, bem visíveis, na sua frente.

Só assim você poderá dizer que estava plenamente consciente do preço a ser pago por aquele dinheiro. Sim, porque, quando você pega 100 reais no seu limite de cheque especial, é como se estivesse comprando do banco esse valor, só que você está comprando 100 reais pelo preço de 110, 120, 130 reais.

Como toda mercadoria, os empréstimos bancários também têm preços que variam de uma instituição para outra. Umas são mais caras; outras, mais baratas.

Quando você pensa em abrir uma conta no banco, está comprando um serviço. Para prestar esse serviço, o banco estabelece o preço dele.

Cabe a você fazer uma boa pesquisa e decidir por aquele que melhor atender às suas necessidades, pelo custo mais baixo. E isso inclui a taxa do cheque especial. Procure comparar as taxas de juros e escolher a mais baixa possível, para que, ao precisar, você pague os juros mais baixos do mercado.

Outro raciocínio que impede as pessoas de perceber claramente o risco e o custo do uso inconsciente do cheque especial é pensar que 100 ou 200 reais de juros por mês não é assim tão pesado. Porém, se você raciocinar melhor e multiplicar o valor por 12 meses, verá que se trata de 1.200 reais, ou 2.400 reais ao ano, o que passa a ser muito significativo!

Veja abaixo o demonstrativo do pagamento de juros sobre a linha de crédito do cheque especial e, também, do mesmo valor aplicado na caderneta de poupança:

JUROS PAGOS NA LINHA DE CRÉDITO DO CHEQUE ESPECIAL - 12 MESES

Quantidade de parcelas	Base de cálculo (R$)	Porcentagem (%)	Juros (R$)	Valor com juros (R$)
1	1.200,00	10	120,00	1.320,00
2	1.320,00	10	132,00	1.452,00
3	1.452,00	10	145,20	1.597,20
4	1.597,20	10	159,72	1.756,92
5	1.756,92	10	175,69	1.932,61
6	1.932,61	10	193,26	2.125,87
7	2.125,87	10	212,59	2.338,46
8	2.338,46	10	233,85	2.572,31
9	2.572,31	10	257,23	2.829,54
10	2.829,54	10	282,95	3.112,49
11	3.112,49	10	311,25	3.423,74
12	3.423,74	10	342,37	**3.766,11**
Juros pagos				2.566,11

JUROS GANHOS NA CADERNETA DE POUPANÇA - 12 MESES

Quantidade de parcelas	Base de cálculo (R$)	Porcentagem (%)	Juros (R$)	Valor com juros (R$)
1	1.200,00	0,6	7,20	1.207,20
2	1.207,20	0,6	7,24	1.214,44
3	1.214,44	0,6	7,29	1.221,73
4	1.221,73	0,6	7,33	1.229,06
5	1.229,06	0,6	7,37	1.236,43
6	1.236,43	0,6	7,42	1.243,85
7	1.243,85	0,6	7,46	1.251,32
8	1.251,32	0,6	7,51	1.258,82
9	1.258,82	0,6	7,55	1.266,38
10	1.266,38	0,6	7,60	1.273,98
11	1.273,98	0,6	7,64	1.281,62
12	1.281,62	0,6	7,69	**1.289,31**
Juros ganhos				89,31

Outro parâmetro que mostra o que você perde pagando juros pelo uso do limite do cheque especial é notar que esse dinheiro seria suficiente para viabilizar vários dos seus sonhos – como um final de semana em um hotel, uma viagem de avião etc.

Só que, em meio à roda-vida das finanças desequilibradas, esses sonhos vão sendo "soterrados" por boletos, carnês, faturas de cartão de crédito, mais todos os juros, as taxas e as tarifas embutidos em cada dívida.

Um cálculo que quase ninguém faz é o de que, se você tem um rendimento mensal equivalente ao limite do seu cheque especial e usa esse limite sempre, a cada oito meses você está dando praticamente um salário ao sistema financeiro.

Se você é assalariado, trabalha 12 meses, recebe 13 salários, mas acaba ficando anualmente apenas com 11, porque dois deles são devorados pelos juros do cheque especial. Agora me diga: É um bom negócio?

É provável que, ao enxergar melhor essa questão, você responda que não. Portanto, evite ao máximo usar o limite do cheque especial. Se possível, nem o tenha.

Ou, então, só recorra a essa linha de crédito em casos emergenciais e se tiver certeza absoluta de que poderá repor a totalidade do valor utilizado em um curto período de tempo. Recomendo pesquisar em alguns bancos se existe a possibilidade de utilizar o limite do cheque especial por 10 dias sem nenhuma cobrança de juros.

Nunca se esqueça de que se trata de um dinheiro que não é seu. O dinheiro pertence ao banco. Você está emprestando. E, a cada dia que você deixar de repor o dinheiro emprestado, os juros estarão correndo, aumentando cada vez mais.

Você acha natural pedir dinheiro emprestado a alguém para ir ao cinema ou para jantar fora? Provavelmente não. Em geral, só temos coragem de tomar dinheiro emprestado de um parente ou amigo quando se trata de algo realmente justificável e urgente.

Pois use esse mesmo raciocínio quando pensar em pedir dinheiro emprestado ao seu banco, sacando-o do limite do seu cheque especial. Não use essa linha de crédito para financiar luxo e

consumo. Bens e serviços supérfluos podem e devem esperar. Mantenha-se fiel ao que é essencial, e não lhe faltará dinheiro para pagar as suas dívidas de valor.

O uso moderado do cartão de débito

Outra maneira eficaz de evitar o agravamento da dívida no cheque especial é não usar sequer o cartão de débito. Isso mesmo!

Há quem faça o seguinte raciocínio: "Não vou usar o cartão de crédito, vou pagar tudo no débito. Assim evito os juros do cartão de crédito, que são os mais altos do mercado".

Essa opção é perfeita, se o saldo disponível no banco for realmente seu. Mas, se esse débito estiver saindo do limite do cheque especial, você estará "trocando seis por meia dúzia", pois a situação pode se complicar da mesma maneira, saindo do controle muito mais rápido do que você imagina.

Apesar de os juros cobrados no cheque especial serem relativamente mais baixos do que os juros do cartão de crédito, trata-se igualmente de um empréstimo. E a situação se tornará mais crítica ainda (como veremos a seguir) se você somar juros de cartão de crédito com juros de cheque especial.

A facilidade do débito *on-line* prejudica muito quem precisa manter as rédeas curtas no consumo, porque estimula a pessoa a usar o limite do cheque especial. Portanto, prefira pagar as contas essenciais no começo do mês e, a cada necessidade de compra, analise o seu verdadeiro saldo disponível, isto é, o dinheiro que lhe pertence, e não o dinheiro de seu limite de cheque especial, que não lhe pertence. Isso o ajudará a evitar que extrapole por uma ilusão de ótica: enxergar o dinheiro do banco como se fosse seu.

Se você insistir nesse caminho, a única coisa que irá conseguir será chegar mais rápido a uma situação de falência completa.

A leitura correta do extrato bancário

Os jovens, principalmente os que estão em início de carreira, devem tomar bastante cuidado com as facilidades imediatas dos pagamentos eletrônicos, como cartões de crédito, de débito e limite de cheque especial. Pela própria inexperiência na vida financeira, os jovens constituem um grupo facilmente influenciável pelo *marketing* publicitário e pelas facilidades de crédito.

Aqueles que estão no primeiro emprego, por exemplo, geralmente recebem salários baixos, praticamente uma ajuda de custo para iniciar a vida profissional.

Mas nem por isso eles deixam de ser visados pelas grandes empresas, que focam muitas das suas propagandas na juventude, vendendo uma imagem ideal de vida e associando-a ao fato de beber determinado produto, dirigir certo tipo de carro ou vestir tal marca de roupa. Como a maioria desses produtos é incompatível com a realidade financeira de quem está em início de carreira, o jovem tende a incorporar o limite do cheque especial e do cartão de crédito disponibilizado pelos bancos aos seus rendimentos, usando-o logo no início de sua vida bancária.

Para cobrir uma compra aqui e outra ali, entra no limite do cheque especial. Ao mesmo tempo, usa o cartão de crédito para pagar uma roupa ou um tênis que, de outra forma, não caberia nos seus rendimentos mensais. Compra com a intenção de pagar depois, sem perceber as consequências desse comportamento no médio e no longo prazos.

À medida que o tempo passa, quando chega o dia de receber o pagamento, todo o dinheiro já está comprometido. Não demora muito, esse jovem passa a pagar o mínimo do cartão, além dos juros no cheque especial. O salário, que já era pouco, fica mais curto ainda.

A face cruel desse processo é que o jovem, antes de começar a trabalhar, não tinha dívida e, assim que inicia sua vida profissional, entra no ciclo de endividamento. A consequência mais natural é que se torne um adulto endividado e frustrado, que se sente malsucedido, sem perceber que isso é resultado de um comportamento financeiro inadequado, adquirido desde o seu primeiro ano de vida profissional.

O problema é que a maior parte das pessoas não sabe ler o extrato bancário como ele deveria ser lido. Isso porque a expressão "limite disponível", utilizada pela maioria dos bancos, ajuda a criar a ilusão de que todo o dinheiro é seu, quando na verdade não é; somente parte dele lhe pertence.

Quando você olha o saldo na tela do computador ou do caixa eletrônico, tudo o que você enxerga é o limite disponível, quando na verdade deveria se concentrar no que alguns bancos chamam de "limite disponível para investimento".

Esse, sim, é um dinheiro seu, que está, como o próprio banco diz, disponível para que você invista: no pagamento de suas dívidas de valor, na compra de algum bem essencial, em algum presente que você queira dar a si mesmo ou a alguém – e, ainda, o que seria ideal, disponível para que você invista em seus sonhos.

Portanto, por mais tentador que seja, você não pode usar o limite disponível no banco como se fosse seu, para complementar aquele período mais difícil do final do mês, quando o seu dinheiro de verdade já acabou, e o mês ainda não.

Leia o extrato bancário como ele deve ser lido. Se necessário, imprima uma vez por semana o extrato e escreva em azul MEU DINHEIRO onde está o seu saldo real, e em vermelho DINHEIRO DO BANCO onde aparecer o valor disponível do limite.

Quando seu dinheiro acaba antes do final do mês, é evidente que você gastou mais do que podia. Se assim for, o melhor a fazer

é simplesmente ignorar a existência do limite do cheque especial quando consultar seu saldo no caixa eletrônico ou na Internet.

Caso seja impossível para você agir dessa forma, peça ao seu gerente que zere o seu limite até que você esteja novamente de posse das rédeas da sua vida financeira.

A maioria dos bancos dispõe de uma linha de crédito mais barata para parcelar a dívida acumulada no cheque especial. Portanto, se o uso do seu limite saiu do controle, não perca tempo. Procure seu gerente e parcele o débito do cheque especial em quantas vezes for necessário para que você possa quitá-lo. Mas se lembre: as prestações deverão caber em seu orçamento financeiro mensal, por isso é melhor alongar o tempo do que fazer o acordo e não conseguir honrá-lo. Não se esqueça de solicitar o cancelamento de seu limite e seja enfático ao não querer mais esse valor "disponível" em sua conta bancária.

"Mas, Reinaldo, como é que eu vou passar a viver sem esse limite? Vai ser como ter uma redução no meu rendimento!", você poderá dizer.

Não se iluda. Esse dinheiro não era seu, não fazia parte do seu salário e, cedo ou tarde você teria de arcar com a responsabilidade pelo uso indevido. Então, quanto mais cedo melhor.

Acredite. A partir do acordo feito, ou seja, do parcelamento do limite em prestações alongadas, com juros médios de 2,5% ao mês, você terá a condição de receber seu salário integral no próximo mês, sem o drama do cheque especial. Com isso, poderá se restabelecer por inteiro, ou seja, terá novamente condições de assumir o comando de sua vida financeira, ficando apenas a parcela mensal do empréstimo e o restante do seu ganho para administrar melhor, com consciência e prudência. E, em alguns meses, poderá aplicar esse valor destinado ao pagamento das dívidas nos seus verdadeiros sonhos.

Já incorporei o limite do cheque especial ao meu salário e não consigo me livrar dessa armadilha. O que fazer?

Toda orientação dada até aqui funciona muito bem se você ainda não tiver caído na armadilha comum de incorporar psicologicamente o valor do limite do cheque especial, ou parte dele, ao seu salário. Passar de uma linha de crédito para outra, enrolando-se cada vez mais, é quase sempre a consequência natural de um processo de desequilíbrio financeiro que não

foi combatido na fonte e cuja gravidade vai aumentando gradativamente, até sair completamente do controle.

Em geral, a ciranda financeira segue o seguinte compasso: se a prestação da casa ou do carro (mal dimensionada, como vimos no primeiro capítulo) está difícil de caber no orçamento, você passa a pagar todas as demais despesas (supermercado, gasolina, farmácia etc.) no cartão de crédito, imaginando que assim sobrará recurso para pagar as suas principais dívidas (casa e carro).

Dentro de poucos meses, no entanto, você já não consegue mais quitar a fatura do cartão. A solução mais imediata parece ser pagar apenas as parcelas mínimas, até que a situação se resolva, até que entre algum recurso extra e você possa pagar tudo, livrando-se da dívida.

Como isso não acontece, a certa altura você se vê obrigado a recorrer também ao cheque especial. Não raramente, paga o mínimo do cartão de crédito com o limite disponibilizado pelo banco, financiando o consumo cotidiano a juros altíssimos.

Chega o começo do outro mês e a história se repete. Você recebe o salário e, logo que esse crédito entra na sua conta-corrente, o valor recebido é suficiente apenas para cobrir o limite do cheque especial, que já foi utilizado no mês anterior. Junto da compensação do crédito, aparece na sua conta o débito referente aos juros do período. Com isso, o valor total que você teria disponível para usar torna-se ainda menor. Descontada a parcela mínima do cartão de crédito, não sobra praticamente nada, nem mesmo do limite. Sem outra alternativa, você deixa de pagar a prestação da casa ou do carro para tentar remediar a situação com o banco.

Quando se dá conta, você já está endividado de todos os lados, correndo o risco de ficar totalmente inadimplente e não ter mais linhas de crédito às quais recorrer. Ou seja, está preso a uma armadilha.

Em momentos assim, há pessoas que chegam ao extremo de provocar a própria demissão da empresa, acreditando que, ao receber os direitos trabalhistas, poderão colocar as dívidas em dia e ainda receber o benefício do seguro-desemprego até arrumar um novo trabalho.

Mas, mesmo que o dinheiro seja suficiente para quitar todo o endividamento, é mais provável que a pessoa volte a se endividar dentro de pouco tempo, já que focou seus recursos no sintoma, não na causa do problema.

Há ainda aqueles que, no desespero, buscam mais dinheiro emprestado, junto a financiadoras que cobram juros ainda mais altos que os bancos. Como já estão endividados bem acima da sua capacidade de pagamento, podem até conseguir algum crédito, mas o custo dos juros será quase extorsivo.

Esse é, literalmente, o fim da linha, porque quem recorre a esse tipo de crédito já está endividado até o pescoço, sem conseguir pagar nem mesmo as despesas mais essenciais do dia a dia. O que fazer?

Uma das dificuldades é justamente o fato de que dívidas levam a mais dívidas, e, enquanto estão envolvidas nesse ciclo, as pessoas não conseguem perceber a necessidade de estancar o endividamento e nem como fazê-lo.

O mais comum é que só parem tudo ao chegam ao "fundo do poço", e ao "fim da linha", depois de ter esgotado todas as possibilidades, como no exemplo acima. Mas não precisaria ser assim...

Quando você começa a se desequilibrar, mas se conscientiza logo disso, a situação não se agrava. Porém, quando você fica se enganando, achando que, de um dia para o outro, tudo pode mudar, sem fazer nada efetivamente para isso, a tendência é a derrocada total.

Se esse é o seu caso, a única solução possível é romper drasticamente com o seu comportamento até aqui e mudar completamente a forma de lidar com o problema. Lembre-se, às vezes é necessário chegar ao fim do poço para poder olhar para cima com mais clareza e traçar a estratégia para subir de volta.

Imaginemos então que você chegou a esse ponto. Não vê mais saída e acha que tudo está irremediavelmente perdido. É hora de partir para o combate, declarar guerra e abrir confronto aberto contra o endividamento. Mas sem se esquecer dos sonhos. Quando se cria uma estratégia para sair das dívidas, ainda assim é necessário manter os sonhos vivos.

Portanto, o seu principal sonho é sair da dívida, mas insira na sua estratégia recursos para realizar pelo menos outros dois sonhos, um de curto prazo (até um ano), outro de médio prazo (até 10 anos) e um de longo prazo (acima de 10 anos). Um desses três sonhos deve ser o de sair das dívidas, os outros dois devem ser a motivação para você seguir em frente, sem perder a esperança. Do contrário sua vida se resumirá a viver para pagar as dívidas, e ninguém vive bem se não tiver a perspectiva concreta de poder realizar os sonhos.

3

QUEBRANDO O CICLO

Combate direto à causa

A essa altura, você pode estar pensando que essas orientações todas fariam muito sentido se você já não estivesse na situação crítica em que está. Mas agora, que você já virou refém das instituições financeiras, que suas dívidas de valor e sem valor já fugiram completamente ao controle, essas dicas de nada adiantam... Engano seu.

Quem faz parte do grupo de pessoas que entrou nessa situação financeira fica quase sempre preso a ela, por não conseguir raciocinar direito enquanto está no "olho do furacão", sem achar uma brecha por onde escapar. E é natural pensar que não há solução. Isso porque o endividamento é realmente como uma rua sem saída: uma vez que você entrou nele, terá de refazer todo o caminho que o levou até lá para só então poder voltar ao ponto de origem. É preciso combater a verdadeira causa do problema financeiro, não mais o efeito, como a maioria das pessoas sempre faz!

Quando tomam a via errada, financeiramente falando, o mais comum é que as pessoas fiquem dando voltas e mais voltas, até compreender que o único caminho possível para se encontrarem novamente é mudar de comportamento.

O primeiro passo é você ter a coragem de assumir para si mesmo que está quebrado e precisará de um tempo para se refazer. Um dos medos que surgem nesse momento é o da negativação do nome nos sistemas de proteção ao crédito, algo que parece um bicho de sete cabeças.

Ainda hoje há quem use a expressão "ficar com o nome sujo" para se referir à possibilidade de ter o nome incluído na lista de inadimplentes, o que só faz a sensação de fracasso aumentar. Mas, sempre que se negativa um nome, a situação pode ser revertida imediatamente após o parcelamento ou

a quitação das dívidas. Trata-se, é claro, de uma expressão pejorativa, que não deveria ser usada. Mas, se existe, é preciso enfrentá-la, assumindo a responsabilidade com dignidade. O famoso: "Devo, não nego. Pago quando e como puder".

Outra reação provável, principalmente para quem não imagina a possibilidade de viver sem consumir, é: "Mas o que eu vou fazer da minha vida sem cartão de crédito, sem talão de cheques, sem a possibilidade de realizar um crediário?". A resposta é: você vai, exatamente por estar sem esses mecanismos, refazer as bases da sua vida financeira, construir um alicerce mais sólido para a sua existência, daqui em diante.

Outra parte difícil da história costuma ser o momento de assumir a questão e comunicar à família, admitindo que você está com problemas financeiros, que falhou na administração das finanças. Realmente, não é fácil. Há até quem se complique muito mais do que seria necessário simplesmente pelo fato de não ter coragem de compartilhar as dificuldades com esposa ou marido, por exemplo. Assim como existem filhos que desde cedo se veem endividados e não têm coragem de abrir o jogo com os pais, e assim por diante.

Acredite: quanto mais cedo você estiver disposto a reconhecer o problema, não só para si, mas também para os outros, conversando com seus familiares, mais rápido você poderá reverter a situação. Você precisará da compreensão deles. Não dá para mudar seu jeito de lidar com as finanças de um dia para o outro sem comunicar às pessoas que convivem com você de perto, diariamente, e explicar a elas o que está acontecendo.

O melhor a fazer é, em primeiro lugar, marcar uma reunião familiar, expondo claramente a situação. Não se sinta envergonhado. Todo mundo passa eventualmente por uma crise. Vergonhoso seria abandonar o barco em plena tempestade. Ou simplesmente não fazer nada. Portanto, segure o leme e vá em

frente. Procure falar sobre sonhos que podem se realizar no futuro, quando tudo voltar ao normal e estiver sob pleno controle.

Mostre aos seus familiares que a forma e o ritmo de consumo de vocês se tornou insustentável e proponha uma mudança imediata, suspendendo todo e qualquer gasto que não seja essencial e que não agregue valor neste momento. Com a participação deles, tudo será mais fácil.

Em vez de se deprimir, achando que está sendo fraco perante sua família, tenha certeza de que você estará na verdade dando um excelente exemplo de dignidade e força, assumindo seus limites e tendo coragem e determinação para enfrentar o problema de cabeça erguida e dar a volta por cima.

O importante é tomar as rédeas da sua vida financeira com relação aos hábitos e costumes, incluindo toda a família nisso. É preciso mudar radicalmente o comportamento em relação ao dinheiro, o que inclui alterar a forma e os hábitos segundo os quais a família toda compra e consome.

Pense bem: se você até hoje vem fazendo as coisas de um jeito e não teve êxito, é preciso mudar mesmo. Não há outra alternativa. É "mudar ou mudar". O alicerce da mudança é o comportamento. E não tem essa de começar na segunda-feira. É preciso começar agora, após a leitura deste livro. Coloque tudo em prática!

O tamanho do problema

Conscientização e atitude são as palavras-chave. Depois de assumir para si mesmo o fato de estar numa situação realmente complicada, é hora de fazer o diagnóstico preciso do nível de endividamento.

Faça um levantamento detalhado de todas as suas dívidas,

incluindo o nome do credor, o valor devido, as taxas de juros, o prazo e a característica. Feita a primeira lista, separe os itens em "essenciais" (como água, luz, telefone, condomínio) e "não essenciais" (como um contrato de TV a cabo ou o celular dos seus filhos, se eles tiverem), por exemplo. Analise todos os gastos, tendo certeza de que você tem condições de reduzir, em média, 25% do valor de todos eles e, em alguns casos, até mesmo eliminá-los.

A regra é simples. Você terá de priorizar o pagamento das contas essenciais, evitando o corte de fornecimento de serviços indispensáveis, por exemplo, e só então pensar nos demais compromissos.

Veja, no quadro abaixo, o exemplo de como realizar o controle de suas dívidas e começar a se organizar para fazer a renegociação:

DÍVIDA – DESCRIÇÃO				RENEGOCIAÇÃO			
Dívida	**Credor**	**Total**	**Taxa de juros**	**Parcelas**	**Valor**	**Taxa negociada**	**Total da dívida**
Cheque especial	Banco Y	R$ 1.000,00	9%	12	R$ 94,56	2%	RS 1.134,72

DÍVIDA – DESCRIÇÃO				RENEGOCIAÇÃO			
Dívida	**Credor**	**Total**	**Taxa de juros**	**Parcelas**	**Valor**	**Taxa negociada**	**Total da dívida**

Pensar primeiro, agir depois

Se estiver perto da data de recebimento dos seus rendimentos, apresse-se, junto ao gerente de sua conta bancária, para que essa primeira entrada seja usada na retomada do seu controle financeiro. Lembre-se de que não devemos pensar somente nas dívidas em si, mas em uma estratégia para sair delas. Pagar os credores sem nenhum critério não resolverá o problema. Estar endividado é consequência de atitudes mal pensadas, mais compras equivocadas ao longo de sua vida; portanto, é preciso primeiro analisar, levantar todas as alternativas e só depois pagar. Pense primeiro e deixe para agir depois.

Se você recebe seu dinheiro por transferência eletrônica, verifique a possibilidade de que a forma de pagamento seja alterada já a partir do mês corrente. Recebendo em cheque ou dinheiro, você evita que o banco debite automaticamente os valores devidos de juros, inviabilizando assim o início do ataque às dívidas.

Em seguida, analise suas dívidas, verificando quais têm taxas mais altas. Provavelmente, o que você vai constatar é que as taxas mais altas são as dos empréstimos adquiridos junto ao sistema financeiro: cartão de crédito, cheque especial, empréstimo *on-line* etc.

Se assim for, o primeiro credor que você deve procurar é o banco. Converse com seu gerente, mostrando a ele a situação real em que você se encontra e solicitando que junte num mesmo pacote as suas dívidas de cheque especial, cartão de crédito e demais empréstimos, se houver.

O objetivo imediato é estancar o processo de aumento da dívida, interrompendo a cobrança de juros sobre juros.

O passo seguinte é negociar com o gerente a obtenção de uma linha de crédito diferente, mais alongada, com juros médios de 2,5% ao mês e cuja prestação seja menor do que o valor total dos juros que você pagava mensalmente.

Digamos que você vinha pagando 300 reais de juros no cheque especial, 400 reais no cartão de crédito e 200 reais no empréstimo *on-line*. Só que o valor total de 900 reais de juros por mês estava inviabilizando o pagamento das suas outras despesas. O ideal é que a parcela do acordo feito com o banco seja a menor possível em relação aos 900 reais. Digamos, 30% disso (300 reais).

Se, ao fazer seus cálculos com base no diagnóstico da sua situação financeira, você concluir que pode pagar um pouco mais, ótimo. Quanto mais recurso disponível para quitar a dívida, menor será o prazo para que você tenha sua liberdade financeira de volta. Mas seja prudente e realista com suas possibilidades.

Juros e valor principal

Em algum momento, você pode argumentar: "Ah, mas, se eu vou continuar pagando 300, 500 ou 600 reais mensais para o banco, não adiantará nada, não mudará em nada meu endividamento".

Aí é que você se engana. A diferença é que, a partir do acordo feito com o banco, você passará a pagar não mais apenas os juros, e sim o valor principal, fazendo com que a dívida seja efetivamente liquidada ao longo do tempo. Além disso, por não ter mais os meios de pagamento que complicaram sua vida financeira, a tendência natural é que você gaste muito menos.

Agora, se mesmo uma pequena parcela, no prazo alongado, com juros a 2,5%, não couber no seu orçamento mensal, não faça o acordo. Do contrário, já no primeiro mês de atraso você estará pagando juros novamente.

Caso seu gerente se recuse a abrir essa nova linha de crédito, ou você perceba que é impossível assumir a prestação, não se abale. Lembre-se da frase: "Devo, não nego, pago como e quando puder".

Você já deve imaginar que a consequência será a negativação do seu nome. Mas não se desespere. Essa etapa faz parte do processo de reestruturação. Às vezes, para curar uma ferida, é preciso abri-la um pouco mais, para administrar o remédio certo, e só então esperar que ela cicatrize por definitivo.

"Mas, Reinaldo, como é que eu vou ficar com o meu nome sujo? Não vou ter mais crédito?", você pode perguntar. É exatamente isso que terá de acontecer. Porque foi o crédito, usado de forma não consciente, que o levou a esse ponto. Portanto, muita calma nessa hora.

Você estará com o seu nome negativado, mas, ao retomar o controle do seu dinheiro, será possível ter de volta a sua capacidade financeira integral e, a partir disso, limpar seu nome gradativamente, negociando suas dívidas em bases que sejam compatíveis com a sua nova realidade, pagando o valor principal da dívida, e não apenas os juros.

À medida que a situação for sendo resolvida, seu nome será retirado da lista dos inadimplentes. O simples parcelamento da dívida já é suficiente para que uma eventual negativação ou protesto seja eliminada. Mas não esqueça que qualquer parcelamento de dívida precisa ser feito de forma consciente, porque no fundo se trata de um refinanciamento do valor devido. Por isso, mais do que nunca é fundamental que ele caiba no orçamento. Pois – nunca é demais repetir – , caso contrário, você pode se enrolar novamente em questão de meses.

Poupar para pagar

Se não houver possibilidade de acordo com a instituição financeira, é preciso mudar a estratégia. Pensando nisso, é necessário que você comece imediatamente a guardar dinheiro, para que, mais adiante, ao ser procurado pelas empresas de recuperação

de crédito contratadas pelos bancos, você possa fazer a negociação para quitar as dívidas em condições e valores significativamente menores do que o valor inicial devido.

A maioria das pessoas acha estranho falar em poupar quando se tem dívidas e imagina que uma coisa é incompatível com a outra, mas não é. Mesmo quando se tem dívidas que estão em atraso, o hábito de poupar deve ser preservado, pois é dele que virá inclusive sua força de negociação.

Do contrário, por não conseguir entrar em acordo com o credor, a tendência é que o dinheiro que deveria ser destinado para sanar o débito caia na roda-viva do consumo e desapareça, fazendo com que o endividamento aumente ao longo do tempo.

Poucas pessoas sabem, mas as empresas de recuperação de crédito têm autonomia para dar descontos sobre as dívidas de 30%, 40%, 50%, chegando até a 80% ou mais do total devido.

Caso seja necessário, procure um advogado especializado em negociação de dívidas ou um educador financeiro para ajudá-lo. Lembre-se sempre de que cada real que você ganhar na negociação dos valores devidos significará menos tempo para resolver o problema e poder dar início a uma nova vida financeira, mais saudável e sustentável.

A saída pelo crédito consignado

Essa modalidade de crédito tem se popularizado no Brasil e pode ser uma ferramenta eficiente para quem está endividado. Trata-se de um empréstimo cujas parcelas são descontadas diretamente na folha de pagamento, sistema muito utilizado por trabalhadores de grandes empresas, funcionários públicos e aposentados do INSS.

Em alguns casos, ele acaba funcionando como uma espécie

de "rota de fuga" para você se livrar das taxas de juros mais altas, como cartão de crédito e cheque especial.

Digamos que a sua tentativa de negociação no banco não deu certo: seu gerente não aprovou uma nova linha de crédito, com juros mais baixos, para juntar num só pacote seu endividamento bancário. Se a sua empresa permite que você faça um empréstimo consignado, essa pode ser uma boa saída, desde que você tenha consciência plena de o quanto do seu rendimento líquido poderá ser comprometido com esse novo crédito. Essa tem de ser uma nova estratégia, não uma simples troca de credor.

Mas não esqueça: se você vinha tendo dificuldades de viver com 100% do seu ganho líquido mensal, ficará naturalmente mais difícil viver com apenas 70% desse líquido, caso você faça um empréstimo consignado que desconte 30% dos seus rendimentos mensais.

Uma categoria profissional que precisa redobrar os cuidados ao optar por essa saída são os funcionários públicos, cujos limites para tomar empréstimos consignados são flexibilizados. Isso os deixa expostos ao risco de comprometer quase a totalidade de seu salário. Ou seja, podem chegar a ficar sem salário para receber, em razão do desconto das prestações do crédito consignado.

Outro fator essencial é, além de adequar seu padrão de vida a um rendimento líquido menor, ser absolutamente fiel ao objetivo de usar o empréstimo para quitar a dívida, e não desviá-lo para outros fins em hipótese alguma.

Não raramente, após o choque de realidade que têm ao assumir que estão quebradas, as pessoas podem adquirir uma postura meio inconsequente, achando que, se tudo já está arruinado, não há mais nada a perder. Se nesse período elas tiverem acesso a um volume de dinheiro considerável, podem cair na tentação de achar que merecem fazer um agrado a si mesmas, ao cônjuge ou aos filhos. Daí a desviar parte do dinheiro que deveria ser usado

para a realização de seus verdadeiros sonhos, entre eles o sonho de quitar a dívida, é um passo.

Portanto, seja firme. Não gaste um único centavo do novo empréstimo para nada além de pagar as dívidas conforme a estratégia adotada. Lembre-se de que, uma vez tomado o novo crédito, você só poderá sair dele ao quitar totalmente a nova dívida. Isso porque o empréstimo consignado está diretamente vinculado ao seu salário ou ao seu benefício (no caso dos aposentados pelo INSS). Sendo assim, você não terá a menor chance de interromper o pagamento.

O lado negativo é que tomar a decisão do empréstimo consignado como estratégia para sair das dívidas sem valor é "dizer adeus" à liberdade de negociação, já que o desconto na folha de pagamento diminui as margens de negociação com as instituições bancárias.

E, acima de tudo, não se iluda! De nada adiantará você migrar para essa nova linha de crédito sem fazer uma revisão minuciosa do seu orçamento completo, considerando todos os gastos, conforme proposto na Metodologia DSOP.

Achar que um novo empréstimo, por si só, resolverá a sua situação é o maior engano que você pode cometer. Pensando e agindo assim, você estará, do mesmo jeito, combatendo apenas o efeito do problema do endividamento, e não a causa, que é a falta de educação e de controle financeiro.

Uma vez tomado o crédito consignado, coloque-o como prioridade no seu orçamento. Nesse caso, o pagamento da dívida estará por algum tempo ocupando o lugar que seria destinado a um dos seus sonhos. Mas, se você está de fato endividado, certamente o maior sonho da sua vida, neste momento, é livrar-se das dívidas, e é assim que tem de ser. Embora, mesmo endividado, você deva ter claro pelo menos dois sonhos de curto, médio ou longo prazo, para mantê-lo motivado enquanto recupera a sua saúde financeira.

A portabilidade de crédito pode ajudar a diminuir a dívida?

Toda pessoa que tem dívidas sabe que a maior dificuldade de sair delas é vencer o "rolo compressor" do pagamento de juros. O que muito poucos sabem é que essas taxas de juros variam para mais ou para menos, dependendo do momento econômico e da estratégia de negócios adotada pela instituição financeira.

Em outras palavras, as dívidas podem se tornar mais caras ou mais baratas em função da instituição para a qual você deve. Isso significa que outra possibilidade de fugir dos juros altos é transferir sua dívida do banco A para o banco B e, com isso, diminuir o volume de juros a pagar, o que pode ser uma vantagem e estratégia para quem está endividado.

Essa troca é conhecida também por portabilidade de crédito. De forma simplificada, a operação permite o transporte do seu saldo devedor para outro banco, que ofereça melhores condições contratuais que o banco original.

Digamos que você tenha feito um acordo com o seu banco, reunindo todas as suas dívidas (cartão, cheque especial e crédito *on-line*) num único pacote e parcelando-o em 24 meses, a uma taxa de juros de 2,5%. Aí você descobre que o banco do seu colega de trabalho oferece o mesmo parcelamento, pelo mesmo prazo, porém cobrando uma taxa de 2,0% ao mês. Em um caso como esse, você pode ter um ganho expressivo ao pagar menos juros, o que, inclusive, ajudará a quitar a dívida mais rápido.

Outra vantagem da portabilidade de crédito é a simplicidade da operação. Após escolher a nova instituição financeira com a qual você irá operar e assinar os documentos necessários, o novo banco quita seu saldo devedor junto ao banco original, transferindo o valor total da sua dívida eletronicamente para a nova instituição. Automaticamente, sua dívida passará a pertencer ao novo banco, de acordo com as condições que você negociar, digamos, à taxa de 2,0% ao mês, durante 24 meses, como no exemplo anterior.

Se você tem dívidas alongadas, pode anualmente realizar pesquisas para comparar as taxas cobradas pelas instituições e, se for vantajoso, usar a portabilidade para diminuir o volume de juros pagos, mudando de banco quantas vezes for necessário. Mas é importante saber que a simples troca de instituição não resolverá o problema das dívidas. A melhor maneira de evitar o pagamento de juros é criar o hábito de poupar antes de gastar.

Quando você entra em uma nova dívida, está comprometendo seus rendimentos e, em algum momento, inevitavelmente terá de pagar o preço por ter feito essa escolha na vida. Se não for hoje, será no futuro. A escolha é sua.

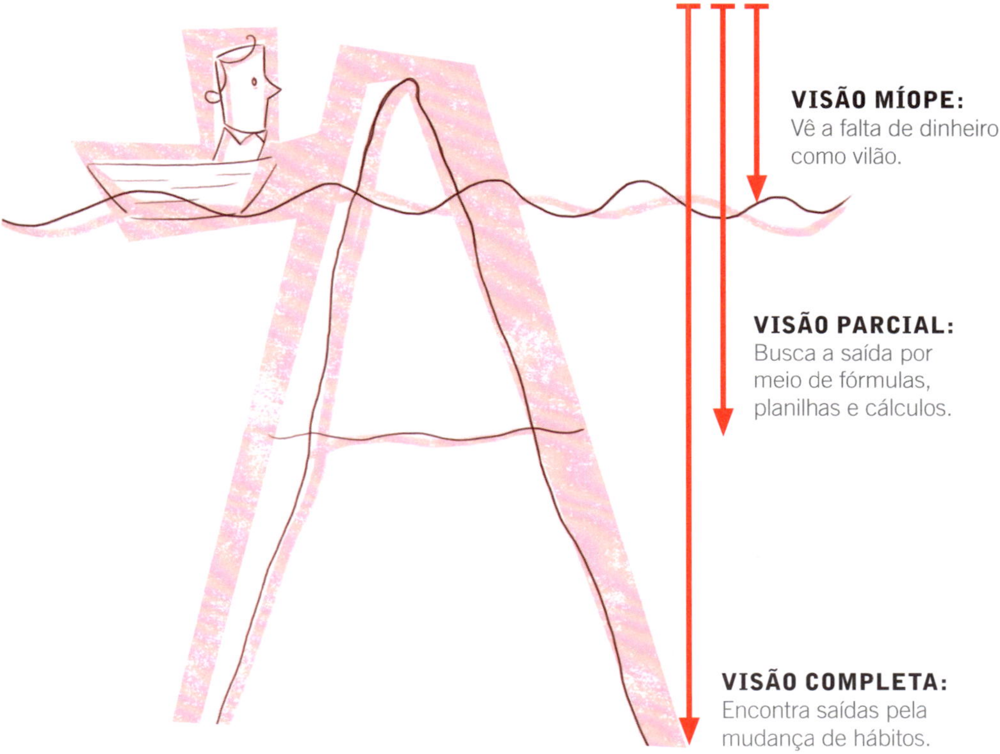

O iceberg do endividamento

Como vimos ao longo deste livro, o problema do endividamento é como um imenso *iceberg*, que se forma silenciosamente, ao longo do tempo e, quando se deixa ver por inteiro, adquire uma dimensão assustadora. Ao deparar com ele e ter de enfrentá-lo, é comum que as pessoas enxerguem apenas sua ponta. Isto é, tenham uma visão míope sobre o problema e, por isso, passem a atacá-lo de forma ineficiente, focando apenas no dinheiro e imaginando: Se não tenho dinheiro suficiente para pagar a dívida, não tem saída.

Outro erro comum é achar que, se ganhassem mais, teriam menos dívidas e não estariam na situação de desequilíbrio em que se encontram. Mas, na prática, não é isso o que acontece. Se você não tiver um comportamento saudável em relação ao dinheiro, estará endividado se ganhar mil reais, 10 mil reais ou 100 mil reais por mês.

Há ainda aqueles que têm uma visão um pouco ampliada, mas, mesmo assim, apenas parcial do problema. São as pessoas que acreditam que, para adquirir o controle do seu dinheiro e ter uma vida próspera, sem dívidas, precisam de cálculos e planilhas complicadíssimas, focando todos os seus esforços em estratégias matemáticas.

Mas o que em geral acontece com quem foca esforços apenas nesse aspecto é ficar preso aos números, refém das fórmulas. Quem age assim pode até conseguir viver sem dívidas, mas viverá também sem realizar seus sonhos, deixando as conquistas e os prazeres da vida sempre em último plano.

A verdade é que as gerações passadas não receberam orientações sobre como lidar com o seu dinheiro, o que tende a levá-las ao endividamento. Daí a importância de se inserir a educação financeira na vida das pessoas desde a infância.

Dessa forma, criamos desde cedo o hábito de poupar antes de gastar, combatendo a causa do problema e criando um comportamento mais saudável que durará para a vida toda.

No seu caso, se até agora tudo o que você fez foi tentar conter apenas a ponta ou a parte mais visível do *iceberg* do endividamento, esta é a hora de mudar hábitos e comportamentos para dar a grande virada!

Os 10 mandamentos para quem não quer se endividar nunca mais

1. Fazer um diagnóstico financeiro anualmente

2. Ter no mínimo três sonhos (curto, médio e longo prazos)

3. Elaborar um Orçamento Financeiro DSOP mensal

4. Poupar mensalmente parte do que ganha para os sonhos

5. Gastar menos do que ganha

6. Ter limites de cartão de crédito inferiores a seus rendimentos

7. Não usar cheque especial, se possível nem ter

8. Manter reservas para situações emergenciais

9. Distinguir o que é essencial do supérfluo

10. Comprar sempre à vista e com desconto

Ciclo do Endividamento

Causas

Analfabetismo financeiro

Consumismo

Marketing Publicitário

Crédito fácil

Meios

Cheque especial

Cartão de crédito

Crediário

Crédito consignado

Empréstimos

Adiantamentos

Antecipação de IR

Efeitos

Problemas conjugais

Problemas de saúde

Desmotivação

Baixa autoestima

Produtividade reduzida

Atrasos e faltas no trabalho

Conclusão

Somente uma visão plena do problema do endividamento, combatendo suas causas verdadeiras, e a disposição de atacá-lo desde a sua base, de forma ampla e integrada, é que podem trazer resultados consistentes e duradouros.

Tudo é uma questão de reunir coragem, força e informação para romper o ciclo, sair da roda-viva do endividamento e poder olhar para o problema de maneira distanciada para ter uma visão completa e assertiva.

O fato é que muitas vezes não conseguimos enxergar nossas dificuldades sozinhos. Precisamos de alguém de fora, que aponte para nós tanto o que está acontecendo no presente quanto a perspectiva de desdobramentos disso no futuro, por mais óbvia que a situação seja.

Estes foram meus objetivos ao longo deste livro: mostrar a você o poder destrutivo que o endividamento inconsciente pode ter na sua vida e apontar os cuidados que você tem de ter antes e depois de se endividar.

Procurei destacar o que são dívidas de valor e dívidas sem valor, para que você possa fazer melhores escolhas, e também propus caminhos alternativos e mais seguros para a realização dos seus sonhos, que não impliquem passar a vida inteira pagando dívidas.

Minha parte está feita. Mas a transformação verdadeira depende de você, da mudança dos seus hábitos e comportamentos em relação ao dinheiro, e está diretamente relacionada à sua capacidade de enxergar o dinheiro como meio, não como fim.

Daqui para a frente, utilize com coragem e disciplina os conhecimentos adquiridos neste livro. Dê uma volta completa em torno desse imenso problema, dimensione exatamente o tamanho do seu inimigo e use as armas corretas para tirá-lo do seu caminho.

Sua recompensa logo começará a aparecer. Muito mais breve do que você imagina, será possível olhar para a frente e enxergar um novo e amplo horizonte, rumo à estabilidade financeira, à paz de espírito e à realização plena dos seus sonhos.

Esteja certo de que, agindo da forma correta e respeitando o dinheiro, a prosperidade será o seu destino e os bons ventos da educação financeira soprarão sempre a seu favor!

Que Deus o abençoe nessa jornada!

Reinaldo Domingos

Conheça também:

ISBN 978-85-63680-16-7
116 páginas

Instituto DSOP

Disseminar o conceito de educação financeira, contribuindo para a criação de uma nova geração de pessoas educadas e independentes financeiramente. A partir desse objetivo principal foi criado, em 2008, o Instituto DSOP de Educação Financeira.

Presidido pelo educador e terapeuta financeiro Reinaldo Domingos, o Instituto DSOP de Educação Financeira oferece uma série de produtos e serviços sob medida para pessoas, empresas e instituições de ensino interessadas em ampliar e consolidar o conhecimento sobre educação financeira.

São cursos, seminários, *workshops*, palestras, formação de educadores financeiros, capacitação de professores, pós-graduação em educação financeira e licenciamento da marca DSOP por meio de unidades da Escola DSOP de Educação Financeira. Cada um dos produtos foi desenvolvido para atender às diferentes necessidades dos diversos públicos de forma integrada e consistente.

Todo o conteúdo educacional disseminado pelo Instituto segue as diretrizes da Metodologia DSOP, concebida a partir de uma abordagem comportamental em relação ao tema finanças.

dsop EDUCAÇÃO FINANCEIRA

www.dsop.com.br

Conteúdos adicionais

No portal DSOP de Educação Financeira (**www.dsop.com.br**) você encontra todas as simulações, testes, apontamentos, orçamentos e planilhas eletrônicas.

Contatos do autor:

reinaldo.domingos@dsop.com.br

www.dsop.com.br

www.reinaldodomingos.com.br

www.twitter.com/reinaldodsop

www.twitter.com/institutodsop

www.facebook.com/reinaldodomingos

Fone: 55 11 3177-7800

Outras obras do autor

Terapia Financeira

O Menino do Dinheiro

O Menino e o Dinheiro

Coleção DSOP de Educação Financeira para o Ensino Básico:

Ensino Infantil, Fundamental e Médio

Livre-se das Dívidas

dsop EDUCAÇÃO FINANCEIRA

www.dsop.com.br

FSC www.fsc.org MISTO Papel produzido a partir de fontes responsáveis FSC® C011188

INFORMAÇÕES SOBRE OS PRÓXIMOS LANÇAMENTOS

Para receber informações sobre os próximos lançamentos
da **Editora Sextante**, queira entrar em contato
com nossa Central de Atendimento,
dando seu nome, endereço e telefone para:

Editora Sextante

Rua Voluntários da Pátria, 45 – Gr. 1.404 – Botafogo
22270-000 – Rio de Janeiro – RJ
Tel.: (21) 2286-9944 – Fax: (21) 2286-9244
DDG: 0800-22-6306 (ligação gratuita)
E-mail: atendimento@esextante.com.br

Para saber mais sobre nossos títulos e autores,
e enviar seus comentários sobre este livro,
visite o nosso site:

www.sextante.com.br

Conheça os 25 clássicos da Sextante

– *Muitas vidas, muitos mestres*, *Só o amor é real* e *Meditando com Brian Weiss*, de Brian Weiss
– *Conversando com os espíritos* e *Em busca da espiritualidade*, de James Van Praagh
– *A última grande lição*, de Mitch Albom
– *Enquanto o amor não vem*, de Iyanla Vanzant
– *A oração de São Francisco*, de Leonardo Boff
– *O ócio criativo*, de Domenico De Masi
– *Mantenha o seu cérebro vivo*, de Lawrence C. Katz e Manning Rubin
– *Por que os homens fazem sexo e as mulheres fazem amor?*, de Allan e Barbara Pease
– *Uma ética para o novo milênio* e *Palavras de sabedoria*, do Dalai-Lama
– *Histórias para aquecer o coração*, de Mark Victor Hansen e Jack Canfield
– *Os 100 segredos das pessoas felizes* e *Os 100 segredos das pessoas de sucesso*, de David Niven
– *Aprendendo a gostar de si mesmo*, de Louise Hay
– *Um dia "daqueles"*, *Querida mamãe* e *O sentido da vida*, de Bradley Trevor Greive
– *Você é insubstituível* e *Dez leis para ser feliz*, de Augusto Cury
– *A vida é bela*, de Dominique Glocheux
– *Faça o que tem de ser feito*, de Bob Nelson
– *Não leve a vida tão a sério*, de Hugh Prather

Nicholas Boothman

Como fazer as pessoas gostarem de você à primeira vista

Ex-fotógrafo de moda e publicidade, Nicholas Boothman percebeu que a atitude e a linguagem corporal dos modelos que fotografava eram bem mais importantes do que a beleza na hora de criar uma forte impressão visual. Essa descoberta o levou a pesquisar o assunto e se tornar, com o passar dos anos, um dos maiores especialistas na arte da imagem e da comunicação pessoal.

Nesse livro, Boothman ensina inúmeras formas de criar empatia, como adotar uma atitude positiva, desenvolver a habilidade para conversar, saber como abordar as pessoas, prestar atenção ao que os outros estão dizendo e ser o mais natural possível.

Richard Bolles

As 5 melhores maneiras de se conseguir um emprego

Nesse livro você vai descobrir que conseguir um emprego depende não só de seu currículo ou suas habilidades, mas dos métodos que você está utilizando. Se, apesar de tentar muito, você não consegue nada, talvez precise mudar de estratégia. *As 5 melhores maneiras de se conseguir um emprego* vai mostrar onde você pode estar errando e o que fazer para virar a mesa.

Uma versão compacta de *Como conseguir um emprego e descobrir a sua profissão ideal (Qual a cor do seu pára-quedas?)*, considerado a bíblia sobre emprego e carreiras, essa edição ensina as verdades fundamentais que aumentarão expressivamente suas chances de sucesso na caça ao emprego.

Emett C. Murphy

A nova lei de Murphy

A nova lei de Murphy é uma estimulante visão da vida e da capacidade que nós temos de assumir o controle de nosso destino e de perseguir nossos sonhos.

Contando interessantes histórias de pessoas que conseguiram superar os desafios e obstáculos em busca de seus objetivos, o autor nos mostra os princípios que devemos cultivar para atingir nossos sonhos, como coragem, flexibilidade, humildade, integridade, generosidade e perseverança.

Jonathon Lazear

O homem que confundiu seu trabalho com a vida

Se o trabalho assumiu um papel tão preponderante na sua vida que tudo mais ficou em segundo plano e você anda se perguntando se isso vale realmente a pena, você irá encontrar na experiência de Lazear a indicação de novos caminhos rumo à felicidade e realização.

Curto e objetivo (porque o autor sabe que você é uma pessoa ocupada), sensato e muito prático, esse livro fará você se lembrar do que realmente é importante, ajudando-o a abrir mão do que não é necessário e a recuperar aquilo que é essencial.

CONHEÇA OUTROS IMPORTANTES TÍTULOS DA EDITORA SEXTANTE

David Niven

Os 100 segredos das pessoas de sucesso

Nesse livro, David Niven organiza a lista de 100 segredos simples que podem nos ajudar a ser bem-sucedidos.

O autor se debruça sobre as pesquisas que identificaram as práticas, princípios e crenças necessários para se ter sucesso. De forma simples e agradável, apresenta em cada capítulo uma dessas conclusões, acompanhada de um exemplo real e de um conselho que você deve colocar em prática se quer realmente "chegar lá".

Hugh Prather

Não leve a vida tão a sério

A vida não precisa ser tão complicada quanto insistimos em torná-la. A simples decisão de não se agarrar aos problemas pode melhorar – e muito – nossas vidas. É isso o que Hugh Prather nos mostra, com humor e clareza, nesse livro. Ele escreve sobre as dificuldades do dia-a-dia e nos dá ferramentas para contorná-las, mudando o que há de mais importante na vida: nossa atitude mental e a forma de reagir aos inevitáveis contratempos.